本书受江苏省社会科学基金（20HQ044）资助出版，同时是国家社科基金重大项目（19ZDA084）、中央高校基本科研业务费专项资金资助项目（B200207010）、中国博士后科学基金（2019M661719）的重要成果之一。

长江大保护中重大水利工程PPP项目风险分担与资产证券化研究

贺正齐 黄德春 张长征 著

南京大学出版社

图书在版编目(CIP)数据

长江大保护中重大水利工程PPP项目风险分担与资产证券化研究 / 贺正齐，黄德春，张长征著. —南京：南京大学出版社，2022.1
ISBN 978-7-305-25069-9

Ⅰ. ①长… Ⅱ. ①贺… ②黄… ③张… Ⅲ. ①长江流域－水利工程－投融资体制－研究 Ⅳ. ①F426.9

中国版本图书馆 CIP 数据核字(2021)第 221259 号

出版发行	南京大学出版社
社 址	南京市汉口路 22 号　邮 编 210093
出 版 人	金鑫荣
书 名	长江大保护中重大水利工程 PPP 项目风险分担与资产证券化研究
主 编	贺正齐　黄德春　张长征
责任编辑	武　坦　　　　编辑热线　025-83592315
照 排	南京开卷文化传媒有限公司
印 刷	广东虎彩云印刷有限公司
开 本	787×960　1/16　印张 12.75　字数 215 千
版 次	2022 年 1 月第 1 版　2022 年 1 月第 1 次印刷
ISBN	978-7-305-25069-9
定 价	58.00 元

网　　址：http://www.njupco.com
官方微博：http://weibo.com/njupco
官方微信号：njupress
销售咨询热线：(025)83594756

＊版权所有，侵权必究
＊凡购买南大版图书，如有印装质量问题，请与所购
　图书销售部门联系调换

前言 FOREWORD

本书受江苏省社会科学基金(20HQ044)资助出版,同时是国家社科基金重大项目(19ZDA084)、中央高校基本科研业务费专项资金资助项目(B200207010)、中国博士后科学基金(2019M661719)的重要成果之一。

习近平总书记指出:"长江病了,而且病得还不轻,要把修复长江生态环境摆在压倒性位置,共抓大保护,不搞大开发。"重大水利工程既是保障国家水安全的重要基础设施,同时也是国家基础设施补短板的重要领域,对统筹解决长江流域水资源、水生态、水环境和水灾害问题具有重要作用。PPP模式由于具有长期稳定的合作关系、公私双方利益共享、公私双方风险共担的特点,可以为长江大保护中重大水利工程建设拓宽融资渠道,使市场主体更好地发挥其优势。长江大保护中重大水利工程PPP项目具有公用事业的特殊性质,同时兼具投资规模大、持续时间长、涉及面广、建设和经营周期长以及不确定因素多等特点,使得其面临较多风险。长江大保护中重大水利工程PPP项目参与方众多,而每方参与的最终目的也不尽相同,使得公共部门与私营机构在合同谈判与签订过程中耗费较多的时间和交易成本,其中如何进行风险分担值得我们特别关注。

目前,长江大保护中重大水利工程投融资主要由政府财政性资金主导,长此以往,既不利于其建设运营的良性发展,也占用了有限的政府财政资金。资产证券化因其可"变现"未来现金流和表外融资等特点，可有效解决此难题。资产证券化运行结构的复杂性、相关实践的有限性和项目本身风险都可能导致资产证券化的失败和违约。因此，对长江大保护中重大水利工程PPP项目资产证券化风险进行研究具有重要现实意义。

本书面向长江大保护中重大水利工程PPP项目风险与资产证券化实践问题，基于长江大保护中重大水利工程PPP项目风险因素分析，开展长江大保护中重大水利工程PPP项目风险分担研究，并探讨长江大保护中重大水利工程PPP项目进行资产证券化的必要性与可行性，研究其资产证券化风险，选取典型案例进行应用研究，并提出针对性的长江大保护中重大水利工程PPP项目融资风险应对措施。

首先，通过梳理长江大保护国家战略提出的背景以及发展历程，分析长江大保护国家战略的重要作用，总结长江大保护中流域重大水利工程建设现状与特点，剖析长江大保护中重大水利工程建设面临的突出问题。

其次，梳理PPP模式的基本特征与相关理论基础，总结PPP模式优势，分析长江大保护中重大水利工程引入PPP模式的动因、运行流程以及融资特点，剖析重大水利工程PPP项目风险形成机理，确定长江大保护中重大水利工程PPP项目风险分担原则，基于风险初步分担阶段、风险全面分担阶段、风险跟踪和再分担阶段构建分阶段的关键风险因素分担矩阵，利用效用理论方法建立长江大保护中重大水利工程PPP项目风险分担模型。

然后，梳理重大水利工程PPP项目资产证券化理论基础，分析长江大保护中重大水利工程PPP项目资产证券化特点，研究长江大保护中重大水利工程PPP项目资产证券化的必要性和可行性；分析长江大保护中重大水利工程PPP项目资产证券化风险形成过程，总结其资产证券化风险因素，利用模糊层次分析法构建长江大保护中重大水利工程PPP项目资产证券化风险评价模型。

最后,选取作为国家172项重大水利工程以及国家层面联系的社会资本参与重大水利工程建设运营第一批试点项目的重庆G水利枢纽工程,开展应用研究,分析其风险分担问题,对其资产证券化风险进行评价,并提出长江大保护中重大水利工程PPP项目融资风险应对的相关政策建议。

本研究在一定程度上丰富了我国重大水利工程项目投融资的研究内容和成果,拓展了水利工程项目建设的研究领域,提升了管理学、经济学、社会学多学科交叉理论研究,完善了水利工程PPP项目风险管理体系和资产证券化理论体系,具有重要的理论意义;同时,致力于从"理论"到"应用"的研究范式,可以为长江大保护中重大水利工程PPP项目各参与方理性投资、合理进行风险分担提供借鉴,为我国水利建设投融资的相关部门的工作提供一定指导。然而,由于时间与精力的局限性,本书还存在许多不足之处,需要在今后的研究中进一步展开,敬请各位专家与广大读者批评指正。

感谢河海大学产业经济研究所的研究生们做了大量的支持工作。硕士生吴海燕、邓晶、张蕊、湛娉婷、林欣、李晓涵、沈雪梅、陈睿启、李洪梅等,先后参与了资料调研、数据收集和部分章节的写作、整理及文字校对工作。

目录

CONTENTS

第一章 绪 论 ………………………………………………………… 1

  1.1 研究背景及意义 …………………………………………… 1
    1.1.1 研究背景 …………………………………………… 1
    1.1.2 研究意义 …………………………………………… 4

  1.2 国内外研究进展 …………………………………………… 5
    1.2.1 重大水利工程 PPP 模式研究 ……………………… 5
    1.2.2 重大水利工程 PPP 项目风险分担研究 …………… 7
    1.2.3 重大水利工程 PPP 项目资产证券化研究 ………… 9
    1.2.4 长江大保护背景下流域重大水利工程项目研究 … 11

  1.3 相关概念界定 ……………………………………………… 13
    1.3.1 重大水利工程 ……………………………………… 13
    1.3.2 PPP 项目 …………………………………………… 15
    1.3.3 资产证券化 ………………………………………… 18

  1.4 主要内容、研究方法与创新点 …………………………… 22
    1.4.1 主要内容 …………………………………………… 22
    1.4.2 研究方法 …………………………………………… 23
    1.4.3 主要创新 …………………………………………… 24

第二章　长江大保护中重大水利工程建设现状与问题分析 25
2.1　长江大保护国家战略 25
2.1.1　长江大保护国家战略提出的背景 25
2.1.2　长江大保护国家战略的重要作用 28
2.1.3　长江大保护国家战略的重点领域 30
2.2　长江大保护中重大水利工程建设现状与特点 32
2.2.1　长江大保护中流域重大水利工程建设基本情况 32
2.2.2　长江大保护中流域重大水利工程建设重要地位 33
2.2.3　长江大保护中流域重大水利工程建设的特点 37
2.3　长江大保护中重大水利工程建设的问题 39
2.3.1　长江大保护面临的突出问题 39
2.3.2　长江大保护中重大水利工程建设的融资问题 41
2.4　本章小结 45

第三章　长江大保护中重大水利工程PPP项目风险因素分析 46
3.1　PPP模式理论分析 46
3.1.1　PPP模式的特征与本质 46
3.1.2　PPP模式理论基础 48
3.1.3　PPP项目合作模式与优势 49
3.2　长江大保护中重大水利工程PPP项目的运用 52
3.2.1　长江大保护中重大水利工程引入PPP模式的动因分析 52
3.2.2　长江大保护中重大水利工程PPP项目运行流程 55
3.2.3　长江大保护中重大水利工程PPP项目的融资特点 57
3.3　长江大保护中重大水利工程PPP项目风险因素识别 58
3.3.1　重大水利工程PPP项目风险形成机理 58

3.3.2 基于 WBS-RBS 法的重大水利工程 PPP 项目
　　　　　风险因素识别 ·· 61
　　　3.3.3 基于 DEMATEL 法的重大水利工程 PPP 项目
　　　　　关键风险因素界定 ·· 67
　3.4 本章小结 ·· 72

第四章 长江大保护中重大水利工程 PPP 项目风险分担框架研究 ········· 73
　4.1 长江大保护中重大水利工程 PPP 项目风险分担分析 ············· 73
　　　4.1.1 重大水利工程 PPP 项目风险分担影响因素 ················ 73
　　　4.1.2 重大水利工程 PPP 项目风险分担主体 ······················· 75
　　　4.1.3 重大水利工程 PPP 项目风险分担原则 ······················· 78
　4.2 长江大保护中重大水利工程 PPP 项目分阶段风险分担 ········· 79
　　　4.2.1 风险初步分担阶段 ·· 82
　　　4.2.2 风险全面分担阶段 ·· 82
　　　4.2.3 风险跟踪和再分担阶段 ·· 83
　　　4.2.4 重大水利工程 PPP 项目关键风险因素分担矩阵 ········· 84
　4.3 基于效用理论的重大水利工程 PPP 项目风险分担模型 ········· 85
　　　4.3.1 风险分担模型的假设条件 ······································· 85
　　　4.3.2 风险分担模型的构建 ··· 86
　　　4.3.3 风险分担模型的求解 ··· 88
　4.4 本章小结 ·· 90

第五章 长江大保护中重大水利工程 PPP 项目的资产证券化研究 ········· 91
　5.1 重大水利工程 PPP 项目资产证券化的理论基础 ···················· 91
　　　5.1.1 基础资产的现金流原理 ·· 91
　　　5.1.2 资产重组原理 ··· 92
　　　5.1.3 风险隔离原理 ··· 93
　　　5.1.4 信用增级原理 ··· 94

5.2　重大水利工程 PPP 项目资产证券化的现状与特点 ············· 95
　　5.2.1　PPP 项目资产证券化的发展历程 ······················· 95
　　5.2.2　重大水利工程 PPP 项目资产证券化的发展现状 ······ 99
　　5.2.3　重大水利工程 PPP 项目资产证券化的特点 ··········· 102
5.3　长江大保护中重大水利工程 PPP 项目资产证券化的
　　　必要性和可行性 ·································· 103
　　5.3.1　长江大保护中重大水利工程 PPP 项目资产证券化的
　　　　　　特点 ··· 103
　　5.3.2　长江大保护中重大水利工程 PPP 项目资产证券化的
　　　　　　必要性 ··· 104
　　5.3.3　长江大保护中重大水利工程 PPP 项目资产证券化的
　　　　　　可行性 ··· 106
5.4　本章小结 ··· 109

第六章　长江大保护中重大水利工程 PPP 项目资产证券化风险评价研究 ··········· 110

6.1　长江大保护中重大水利工程 PPP 项目的资产证券化风险
　　　形成过程 ·· 110
　　6.1.1　资产证券化风险来源与识别 ····················· 110
　　6.1.2　资产证券化风险积聚与爆发 ····················· 111
　　6.1.3　资产证券化风险扩散 ····························· 111
6.2　长江大保护中重大水利工程 PPP 项目的资产证券化风险
　　　识别 ··· 112
　　6.2.1　重大水利工程项目风险 ··························· 112
　　6.2.2　资产证券化交易结构风险 ······················· 114
　　6.2.3　相关主体信用风险 ······························· 116
　　6.2.4　市场风险 ·· 117

####### 6.2.5 政策风险 … 118
####### 6.2.6 其他风险 … 119
6.3 长江大保护中重大水利工程PPP项目的资产证券化风险评价模型 … 120
####### 6.3.1 风险评价模型的构建原则 … 120
####### 6.3.2 风险评价模型的构建步骤 … 121
####### 6.3.3 风险评价指标体系 … 121
####### 6.3.4 基于模糊层次分析法的风险评价模型构建 … 129
6.4 本章小结 … 139

第七章 重庆G水利枢纽工程案例研究 … 140
7.1 重庆G水利枢纽工程案例基本情况介绍 … 140
####### 7.1.1 基本概况 … 140
####### 7.1.2 财务情况 … 142
7.2 重庆G水利枢纽工程案例风险分担研究 … 145
####### 7.2.1 风险因素初步识别 … 145
####### 7.2.2 基于DEMATEL法的关键风险因素识别 … 147
####### 7.2.3 关键风险因素分担矩阵 … 149
####### 7.2.4 共担风险比例分配计算 … 150
7.3 重庆G水利枢纽工程资产证券化风险评价 … 153
####### 7.3.1 重庆G水利枢纽工程发起资产证券化的背景及意义 … 153
####### 7.3.2 重庆G水利枢纽工程资产证券化融资假设 … 154
####### 7.3.3 重庆G水利枢纽工程资产证券化风险结果 … 156
####### 7.3.4 重庆G水利枢纽工程资产证券化风险分析 … 161
7.4 本章小结 … 163

第八章 长江大保护中重大水利工程PPP项目融资风险应对 … 164
8.1 加强项目工程质量与运营管理 … 164

8.1.1 提高项目工程质量 ······ 165
8.1.2 设立专业管理机构 ······ 165
8.1.3 加强人员素质管理 ······ 166
8.1.4 建立激励约束机制 ······ 166
8.2 做好财务规划降低违约风险 ······ 167
8.2.1 树立财务风险控制的科学理念 ······ 167
8.2.2 提升财务环境的适应性 ······ 168
8.2.3 健全财务风险内部监控制度 ······ 169
8.2.4 完善招投标机制 ······ 169
8.2.5 建立有效的财务风险预警机制 ······ 170
8.3 提高资产证券化交易结构的科学性 ······ 170
8.3.1 加强顶层设计 ······ 170
8.3.2 搭建投资主体多元化的市场退出机制 ······ 171
8.3.3 努力实现资产证券化交易过程中风险的合理分配 ······ 172
8.3.4 积极引导中长期机构投资者 ······ 174
8.4 重视市场风险和政策变化 ······ 174
8.4.1 重点防范市场风险 ······ 175
8.4.2 健全PPP项目的风险评估体系 ······ 175
8.4.3 建立合理的风险分担机制 ······ 176
8.4.4 密切关注政策变化 ······ 176

附　录 ······ 178

参考文献 ······ 186

第一章 绪 论

1.1 研究背景及意义

1.1.1 研究背景

(1) 长江大保护上升为国家战略

近年来,由于不合理的生产生活方式的影响,长江经济带成为我国水环境问题最为突出的地区之一。多年的监测数据显示,长江经济带面积虽只占全国的21%,但废水排放总量占全国的40%以上。由于位于长江经济带的生态系统格局发生了巨大的变化,河湖、森林、湿地、农田等面积逐渐变少。长江的上游面临严重的水土流失问题,中下游的湖泊面积萎缩、湿地功能退化问题也十分严峻。长江水生生物多样性指数持续下降,多种珍稀物种濒临灭绝。在2016年年初召开的深入推动长江经济带发展座谈会上,习近平总书记提出"当前和今后相当长一个时期,要把修复长江生态环境摆在压倒性位置,共抓大保护,不搞大开发"。自此,"长江大保护"成为基于长江经济带国家战略而提出来急需完成的一项严峻的任务。"共抓大保护、不搞大开发"言简意深,承载着发展理念的深刻变革。"共抓大保护"是针对生态环境的保护问题,"不搞大开发"是针对经济发展的问题,"共抓大保护、不搞大开发"是辩证统一的路径策略。

2016年3月,中共中央政治局审议通过《长江经济带发展规划纲要》,长江大保护上升到国家战略高度,保护长江的蓝图正在绘就。2019年1月,生态环境部、发展改革委联合印发《长江保护修复攻坚战行动计划》。2019年10月,党的十九届四中全会强调,要加强长江、黄河等大江大河生态保护和系统治理,以"共抓大保护"为导向深入推动长江经济带发展。由此可见,长江大保护已经成为全国性的重要战略任务。重大水利工程既是保障国家水安全的重要基础设施,同时也是国家基础设施补短板的重要领域,对统筹解决长江流域水资源、水生态、水环境和水灾害问题具有重要作用。由于长江经济带面临复杂的水问题,为了更好地完成长江大保护的重要战略性任务,重大水利工程项目作为长江大保护的重要抓手之一,应当发挥重要作用。水利工程项目即合理利用水资源、保护水生态,兴水利、防治水旱灾害的工程项目,包括水库、山坪塘、引输水渠系、水闸、泵站、石河堰等工程项目及其设施。重大水利工程项目是指水利工程项目中建设规模更大、涉及因素更多、社会影响更深远的大型水利工程项目。重大水利工程项目可以调控、利用和保护地表及地下水资源,重大水利工程项目是经济社会发展的重要基础设施,对于长江大保护区域的生态修复工作具有重要意义。

(2) PPP模式在水利工程项目建设领域得到广泛应用

2018年4月,财政部印发关于进一步加强政府和社会资本合作(PPP)示范项目规范管理的通知,强调了PPP模式的重要性。目前,PPP融资模式已逐渐运用于城市轨道交通、体育设施建设、水利工程建设、污水处理等公共基础设施中。PPP模式作为一种新型的项目融资模式,主要是把项目作为主体的融资活动,实现公共利益的最大化。由于PPP模式具有三个显著的特征:长期稳定的合作关系、公私双方利益共享、公私双方风险共担,因此那些有着较大投资规模、需求长期稳定、价格调节机制灵活并可市场化的公共基础设施项目,比较适宜采用PPP模式。因此,在长江大保护国家战略下,重大水利工程项目的建设模式中,PPP模式得到了广泛应用。例如,2018年7月,中国长江三峡集团有限公司联合中标九江市中心城区水环境系统综合治理一期项目,项目合作期为20年,其中建设期2~3年,项目运作模式即PPP模式。该项目是国家赋予三峡集团在共抓长江大保护中发挥骨干主力作用的新使命新任务以来,三峡集团牵头联合中标的首个长江大保护PPP项目。三峡集团通过现状问题调查研究,以城市水环境质量整体根本改善为目标,以城镇污水处理为切入点,按照"一城一策"要求,坚持问题和目标导向,坚持流域统筹、区域协调、系统治理、标本兼治的原则而快速策划落地。该项目是三峡集团积极探索"厂网河(湖)岸一体"新模式、创新区域和流域特许经营机制、创新投融资体制机制的重要实践。

(3) 资产证券化逐渐被运用于水利工程PPP项目建设领域

2016年12月,财政部、水利部联合印发《中央财政水利发展资金使用管理办法》,鼓励在水利建设中推行政府和社会资本合作模式,创新项目投资运营机制:利用资产证券化等丰富PPP项目投资退出渠道。同月,国家发展改革委中国证监会《关于推进传统基础设施领域政府和社会资本合作(PPP)项目资产证券化相关工作的通知》文件出台,明确提出PPP项目资产证券化是保障PPP项目持续健康发展的重要机制。2017年12月印发的《政府和社会资本合作建设重大水利工程操作指南(试行)》提出,对已建成重大水利工程项目,可通过项目资产转让、改建、委托运营、股权合作等方式引入社会资本,规范有序盘活基础设施存量资产,提高项目运营管理效率和效益。

虽然国家积极推动PPP模式在重大水利工程项目建设上的运用以吸引社会资本进入,以期改变以往重大水利工程项目相对单一的投融资模式,为重大水利工程项目吸引多元化的投资主体。但就目前的实施效果来看,重大水利工程PPP项目数量仍较少;同时,银行贷款也愈加严格,无法从银行获得大量建设资金,因此长江大保护中的重大水利工程项目的资金短缺问题并没有得到缓解,需要借助其他途径来获得充足的建设资金。近年来,由于资产证券化可以增强资产的流动性、获得低成本融资进而减少风险资产,也逐渐被运用于水利工程PPP项目领域中。例如,在武汉汤逊湖流域综合治理项目中,三峡集团首先与当地政府及相关部门组织成汤逊湖流域管理委员会,并与出资方、股权方成立流域治理公司。在这些前提下,在流域治理公司下面成立项目管理公司、运营公司、SPV公司、资源开发子公司,通过资产证券化方式来筹集多元化投资。

综上所述，由于长江大保护中重大水利工程的重要作用以及面临的严峻融资问题，需要将PPP模式和资产证券化模式共同融入，分析在长江大保护中重大水利工程PPP模式的风险问题以及资产证券化的路径，以期促进长江大保护国家战略的实施。

1.1.2 研究意义

（1）理论意义

通过梳理长江大保护中重大水利工程建设的现状与问题，明确在长江大保护重大水利工程项目建设过程中所面临的主要风险问题，从长江大保护中重大水利工程PPP项目融资模式角度，分析了重大水利工程PPP项目的主要运行流程和风险因素，在此基础上建立了长江大保护中重大水利工程PPP项目风险分担框架，并从长江大保护中重大水利工程PPP项目的资产证券化角度出发，基于资产证券化的理论基础，建立相应的指标体系，对长江大保护中重大水利工程PPP项目的资产证券化风险进行识别和评价。本研究在一定程度上丰富了我国重大水利工程项目投融资的研究内容和成果，拓展了水利工程项目建设的研究领域，提升了管理学、经济学、社会学、水利科学多学科交叉理论研究，完善了水利工程PPP项目风险管理体系和资产证券化理论体系，具有重要的理论意义。

（2）现实意义

在长江大保护重大水利工程项目的建设过程中，项目风险分担、融资模式及其风险管控等问题已严重影响项目的正常建设。重大水利工程PPP项目具有资金需求大、投资回收期长、工程技术复杂、项目参与方多等特点，加上资产证券化仅仅依赖项目未来现金流对投资者偿付，这些都导致了重大水利工程PPP项目资产证券化的复杂性和特殊性。因此，对重大水利工程PPP项目资产证券化风险的研究直接关系到项目融资成败和各参与方的切身利益，具有重要现实意义。本书致力于从"理论"到"应用"的研究范式，识别长江大保护中重大水利工程项目建设过程所蕴含的多重风险，在实际运用过程中能够加强水利工程PPP项目参与各方对风险的认识，提高公私双方参与风险管控的积极性和主观能动性；同时为长江大保护中重大水利工程PPP项目各参与方理性投资、合理进行风险分担提供借鉴，为我国水利建设投融资的相关部门的工作提供一定指导。

1.2 国内外研究进展

1.2.1 重大水利工程PPP模式研究

(1) PPP模式研究

广义的PPP概念一般指一种公私合作模式，是政府为了提供某些公共服务或者公共产品，与私人组织之间通过签署相关特许协议建立合作关系。狭义的PPP概念是指为公共项目的建设提供融资的一种模式。PPP模式通过市场的竞争来提供公共产品和公共服务，这不但是一种新的融资方式，还是对体制机制的变革[1]。1992年，英国最早提出PPP模式[2]，随后该模式于全球广泛运用。文献梳理发现，国内外学者关于PPP模式的研究主要集中在产生动因、风险划分、应用领域三大方面。

在PPP模式产生动因方面，Cedrick(2017)[3]认为PPP模式产生的主要原因是政府管理能力的不足，公共部门倾向于通过自身来提供公共物品，只有在受到财政资金紧张或者公众不满意等压力的情况下才会采用PPP模式。Liu(2017)[4]认为基础设施建设资金的不足是政府公共部门邀请私人部门参与项目融资建设和运营的主要原因。Wichadee(2017)[5]发现政府债务负担沉重的国家采用PPP模式会更加普遍，并且通过该模式的应用能够降低政府的财政负担，同时减小纳税人的风险。

在PPP模式风险类型的研究中，Hastak等(2000)[6]依据项目风险的不同层次来划分，将整个工程建设环境中可能出现的风险划分为国家、市场和项目三个层次，更好地描述每一种风险对其他风险的影响作用。Grimsery等(2002)[7]依据风险来源识别并划分风险，将基于PPP模式的基础设施建设项目风险分为政策、金融、技术、建设、环境、运营、回收及不可抗力等8方面的风险，并且从各个项目参与方的立场研究风险评价指标及评价方法。Bing

(2005)[8]通过区分PPP项目内部和外部的环境,将PPP模式的风险划分为外生风险和内生风险,对采用PPP模式的项目风险管理研究意义重大。

当前,PPP模式已在全球范围内得到广泛应用。Ma等(2020)[9]研究发现,PPP模式已被广泛运用于能源、信息技术、通信技术、交通运输、水利工程等众多行业项目中。近年来,由于全球可持续发展趋势的需要,各国政府以及各个行业将会更加关注PPP项目的可持续性发展和社会责任承担。万亿等(2020)[10]从探索试点阶段、快速发展阶段、调整阶段、全面推进阶段这4个阶段分别对我国PPP模式的发展做出分析,认为我国未来PPP模式项目发展趋势为城市地下综合管廊建设、海绵城市建设、城乡给排水等基础设施项目、城市公用事业、生态修复与环境治理项目等。张慧等(2020)[11]、罗琳等(2019)[12]研究发现,较早采用PPP模式的行业有城市的污水处理行业,这类行业比较方便操作和管理运营,目前已经形成了相对来说比较成熟的模式。但由于这种涉水项目综合性越来越强,需要系统地规划、协同操作管理。

(2) PPP模式在重大水利工程中的应用

随着PPP模式的不断发展与完善,PPP模式作为良好的融资方式越来越频繁地应用于众多水利工程建设。自20世纪90年代以来,国际水务PPP项目的总投资已超过8 300万美元[13],实现了创新发展。重大水利工程作为我国重要的基础设施建设,拥有建设周期长、资金需求量大的特点,其与PPP模式的紧密结合有利于其实现更广泛的融资,加快运营的效率。

Kirwan(1989)[14]是世界上首位提出将社会资本引入涉水行业建设中的学者,他倡导将大量的社会资本引入涉水行业用以填补资金缺口和支持基础设施建设,水务投融资的相关理论也因此开始得到广泛关注与研究。Ameyaw(2016)等[15]认为PPP模式有效解决了发展中国家供水效率低下的问题,通过案例分析和德尔菲调查法,发现了供水PPP项目的5个关键成功因素,分别为合作部门的信誉、联合体的整体实力、基础资产质量、社会支持和政治环境。李香云等(2019)[16]研究发现,我国水利PPP项目主要涉及供水、水利综合治理等类型,合作模式以BOT为主,周期较长,项目的回报机制以可行性缺口补助和政府付费为主。高国亮(2021)认为PPP模式中引进社会资本的方式可以推动经济的内循环,减轻了政府的财政压力并可以拓宽社会资本的发展空间[17]。

水利工程建设与PPP模式的成功融合有助于水利基础设施项目融资渠道的拓宽和运营效率的提升,但随着社会资本参与水利工程建设项目数量的不断攀升,相关的问题也随之而来,比如水利相关优惠政策还不能与PPP项目进行有效的对接、项目的回报机制与付费机制关联不够紧密等,当前许多项目过度依赖政府付费,难以体现出使用PPP模式的优势(吴兆丹等,2020[18];袁君萍和李菲,2020[19];王秋生,2020[20])。谷树忠等(2018)[21]分析了中国当前城市水务领域PPP模式的发展进程,认为近年来密集的政策将推动水利PPP项目迎来新的发展契机,水利PPP项目的改革探索将逐步跨入水环境治理、农田水利等领域,但需要解决PPP模式引入过程中运营偏离初衷、运作体系不健全、盈利模式不清晰的问题,同时水利PPP模式发展的相关法律法规也需要配套建设,从而对水利PPP项目流程加以约束。

1.2.2 重大水利工程PPP项目风险分担研究

对于重大水利工程而言,PPP项目风险的有效分担和应对将起到重要作用。国外学者对PPP模式投融资风险进行了较多的研究。国内学者对PPP融资项目的风险分担研究起于21世纪,稍晚于发达国家。近年来随着重大水利工程PPP项目应用领域的拓展,重大水利工程PPP项目风险分担问题逐渐成为研究的焦点。经文献梳理后发现,学者对重大水利工程PPP项目风险分担研究集中于风险识别方法和风险分担框架两方面。

(1)重大水利工程PPP项目风险识别

风险识别是重大水利工程PPP项目风险分担的前提与核心,常用德尔菲法、头脑风暴法、问卷调查法、情景分析法等方法进行风险识别。考虑到水利工程与PPP模式的复杂性,在对重大水利工程PPP项目进行风险识别的时候通常需要结合水利工程周期较长、覆盖范围较广的特点,综合采用多种方法,从而能够动态全面地对项目整体做出风险识别。Shrestha等(2018)[22]通过问卷调查法收集了水利工程PPP项目的主要风险问题为外部风险、项目运营风险、代理问题等,并且分析了当前项目风险的分配方式,认为当前水利行业的风险分配效率较低,没有达到最佳的风险管理模式。Li等(2020)[23]采用同样的方法,得到了类似的结论。Rezaeenour 等(2018)[24]认为促成重大水利工程 PPP 项目的成功首先需要准确识别相关风险因素,并利用模糊综合评价法对伊朗某水利工程 PPP 项目进行风险识别,识别出项目的主要风险按照从高到低的顺序分别为金融风险、技术风险、法律风险。Geng 等(2017)[25]利用案例分析法和问卷调查法对中国水利 PPP 项目中政府部门所面临的风险进行研究,识别出在可行性研究、采购、建造、运营和移交这 5 个阶段可能出现的风险,并进一步分析风险之间的内在联系和阶段性变化,发现对于政府部门而言,环境风险、竞争风险和私营部门的信誉风险的影响尤为广泛。Ameyaw 等(2016)[26]利用案例分析法发现重大水利工程 PPP 项目的风险承担主体需要更准确地预测和评估风险,从而一方面可以降低风险发生的可能性,另一方面也能够在风险发生时使风险损失最小化。王伟等(2016)[27]采用头脑风暴法与可比公司法相结合的方式,对辽宁基础水利工程 PPP 项目进行风险识别,主要风险为政治风险、金融风险、建设风险、运营风险、环境风险,引入了 AHP 模糊综合法进一步量化这些风险因素。何楠、王军等(2021)[28]找出数百项可以影响中国水利工程建设的风险因素,列出 PPP 模式下水利项目的风险清单,并对风险发生的机率、风险产生的影响进行研究。姜影(2021)[29]在识别影响水利项目的风险时,采用结构方程模型进行研究,最后得出了 23 个风险影响因素。

(2)重大水利工程 PPP 项目风险分担框架

国内外学者通常倾向于从不同的角度,在重大水利工程 PPP 项目特性的基础上构建风险分担框架。吴海燕和黄德春(2016)[30]以效用理论为手段建立水利工程 PPP 项目风险最优分担模型并求解。陈颖(2020)[31]从参与工程的主体层面分析,确定公共部门与私人组织之间所共同承担的风险以及所承担的比例。王娜娜(2020)[32]通过利用马科维茨模型,研究怎样分担 PPP 项目风险才能使得风险最小化的问题。李妍(2015)[33]讨论了重大水利工程项目参与主体间由于出价顺序的不同导致参与主体风险分担结果的影响。Oseikyei 和 Chan(2015)[34]通过博弈模型来探究在不完全信息背景下,公共部门和私人部门在重大水利工程项目上风险分担的策略选择机理。王蕾等(2017)[35]在现有博弈论风险分担方法的基础上,建立污水处理 PPP 项目政府部门和私营部门风险分担的合作博弈模型,同时基于 ANP-Shapely 值法对合作博弈风险分担模型进行修正,分析了项目属性、风险属性、风险控制、合作机制和损失承受五类因素对分担比例的影响。吴淑莲等(2014)[36]专门分析了重大水利工程 PPP 项目中市场的需求风险,通过研究得出可能同时存在单一主体承担市场需求风险或公私双方共同承担市场需求风险的情况。曾小芳(2020)[37]通过划分重大水利工程 PPP 项目风险分担的时间点,并在总结经验、公共部门建议、专家建议的基础上进行对比分析风险分担的结果。陈正威(2020)[38]等探讨了水利工程项目参与主体在信息不对称条件下,公共部门与私人部门对风险如何分担而讨价还价的过程,并对风险分担的比例、谈判成本、参与方地位之间的关系进行研究。刘宏和孙浩(2017)[39]采用 ANP 法对传统 DEMATEL 法进行改进,解决了其在计算中假设各风险因素权重相同的弊端,能够更好地分析重大水利工程 PPP 项目各风险因素相互之间的关系。张亚琼等(2020)[40]将 PPP 模式水利项目的参与方分为政府部门、私人部门以及承包商,通过 Python 计算出参与方各自所需要承担的风险。宿辉等(2021)[41]通过动态博弈模型来研究 PPP 模式下的项目建设参与方的风险分担情况,最后得出公共部门和私人部门所需要承担的风险比例。

1.2.3 重大水利工程 PPP 项目资产证券化研究

(1) 资产证券化相关研究

资产证券化诞生于 20 世纪 70 年代的信贷市场,最先由美国的 Lewis S. Ranieri 提出,随后在实体经济中推行与实践。简单而言就是将缺乏流动性、但具有可预期收入的资产,以基础资产未来所产生的现金流为支持,在信用增级基础上发行资产支持证券获取融资,最大化提高资产流动性的过程。广义的资产证券化包括以下四类:实体资产证券化、信贷资产证券化、证券资产证券化和现金资产证券化。狭义的资产证券化则是指信贷资产证券化。

资产证券化自产生以来,学术界对其的定义随着实践的推进在不断地改变。Gary(1988)[42]认为资产证券化是一个金融机构把基础资产转变为更具流动性的证券,实现出售资产的过程。Fabozzi(2012)[43]提出资产证券化是将具有同样特征的信用贷款和其他非流动性资产等统一打包投入市场,实现资产提前兑付的过程。我国对资产证券化研究相对较晚,陈裘逸和张保华

(2003)[44]认为资产证券化是通过设立 SPV 发行受益凭证进行真实出售,对风险与收益要素进行分离与重组,在信用增强基础上,将之转变为证券化权利的过程。尹娅玲(2021)[45]认为资产证券化是一种资产的重新组合方式,它把将来可以产生现金流的资产证券化,不仅可以将资产的流动性提高,还可以实现破产隔离。

随着资产证券化的实践增多,我国目前的研究主要集中在应用模式和风险管理两方面。刘少波和卢毅(1999)[46]从供需角度入手,最先提出将资产证券化运用到基础设施融资中。杨浩(2000)[47]研究了资产证券化在基础设施投融资中的优势,分析了资产证券化在具有稳定预期现金流入的基础设施中的可行性。王保岳(2009)[48]认为监管风险、评级风险和道德风险是基础设施资产证券化的三大主要风险。安丛梅[49](2021)、李佳[50](2019)等人通过对资产证券化风险的研究发现,商业银行的风险可以通过资产证券化的手段来降低,流动性风险、信用风险与资产证券化呈现的关系为负相关。

(2) 水利工程 PPP 项目资产证券化研究

财政部 2016 年公布的数据显示,我国 PPP 项目的累计入库数量高但实际落地率不足 60%。为改进传统融资方式的不足,保证基础水利工程的顺利推进,国家发展改革委、中国证券会联合发布《关于推进传统基础设施领域政府和社会资本合作(PPP)项目资产证券化相关工作的通知》,PPP 资产证券化的理论与实践由此展开。

理论研究主要集中于基础资产的研究、真实出售与风险隔离的研究以及现存障碍的研究、规范化发展对策的研究等方面。魏红亮(2013)[51]基于我国国情分析指出,水利工程建设尤其是重大水利工程项目建设时,需要由中央发起,中央政府和地方政府共同进行财政筹资。罗琳(2019)[12]认为我国重大水利工程 PPP 项目资产证券化模式运用尚处于起步阶段,主要障碍包括基础资产类型较单一、交易发行机制不完善、信用评级标准不统一以及风险与收益不匹配。多位学者对此提出了相关对策建议,范卓玮(2017)[52]认为需要明确重大水利工程 PPP 资产证券化的市场准入规则,完善丰富指导性文件;黎晓春和常敏(2018)[53]认为在我国重大水利工程 PPP 项目资产证券化大规模开展的形势下,应当坚持规范化发展、紧跟政策、重视金融市场影响、突出核心制度设计创新;全流程跟踪协调管理,建立规范的 PPP 资产证券化监管体系;叶文辉和李嘉(2020)[54]提出要完善水利绿色金融相关的标准与政策,通过税收补贴等手段重点培育绿色水利资产证券化;李波(2018)[55]提出通过结构或机制的设计化解风险,加强信用制度建设,尽可能保证评级的合理公平。

国外对 PPP 资产证券化的研究起步早,相关理论已经较为成熟。1997 年提出的风险隔离理论成为整个资产证券化制度设计的核心,之后的研究主要围绕资产证券化的作用机制与基础性理论。Li(2003)[56]将项目风险按照宏观(国家政策变动)、中观(项目本身的风险)及微观(公私双方本质不同产生的风险)三种风险类别进行划分。2008 年金融危机之后国外 PPP 资产证券化研究偏重于对规范性发展的研究,提出了加强业务监管的要求(Steven 和 Schwarcz,2008[57])。Connell 和 Grafton(2011)[58]以巴西国内大型水利项目筹资为例,分析其 PPP 资产证券化过程,得出国家的政策法律是水利建设筹资的有力保障的结论。此外,整体业务证券化(WBS)在美国、日本等国发展成熟,它是一种对公司整体运营收益而非某项特定资产进行的证券化,采用 ABS 结构化方案,运作机理与 PPP 资产证券化一致,对 PPP 资产证券化的理论研究具有一定的借鉴意义。

1.2.4 长江大保护背景下流域重大水利工程项目研究

(1) 长江大保护相关研究

长江流域具有独特的生态资源与位置优势,但不合理的开发造成了目前严峻的生态环境问题。"长江大保护"是 2016 年习近平总书记在基于长江经济带战略基础上提出来急需完成的一项严峻任务。在新形势下能够正确把握生态环境保护和经济发展、破除旧动能与培育新动能、自身发展和协同发展的关系是推动长江经济带发展的关键所在。

长江流域的发展经历了"大开发""开发与保护并重",再到"大保护"的战略转变,目前进入繁荣的生态文明时代(李琴和陈家宽,2017[59])。《长江经济带生态环境保护规划》要求通过水资源优化调配、水环境保护与治理、生态保护与修复、城乡环境综合整治、环境监测能力建设和环境风险防控六大工程项目,改善长江流域的生态环境(吕兰军,2018[60])。此后,长江大保护得到各地积极响应。江阴市提出加高端产业、绿色产业,减低效供给、低端产能的"加减法"(王锋,2020[61]);张家港突出保护修复与质态质效,推进绿色港口建设,力争打造绿色先行区与长江生态安全带(潘国强,2020[62])。在中央与地方政府以及社会公众的共同努力下,共抓大保护的格局基本形成,长江生态环境逐步改善(卢纯,2019[63])。到2019年为止,长江流域环境更加优化,优良水质高达82.5%,长江经济带发展保持强劲,11省市生产总值领先全国增速0.9个百分点,且比重持续提升(安蓓等,2020[64])。

长江大保护实施取得阶段性成果的同时,也存在着不少难题。黄德生等[65](2020)梳理了长江经济带11省市大保护工作实施情况,发现长江大保护政策实施过程中面临生态环境保护系统性不足、资金缺口大、政策支持力度不足等问题,提出了政策支持、项目建设运营以及生态环境系统性保护等建议措施,以此实现长江大保护与经济可持续的良性互动。张恒(2016)[66]指出长江大保护中生态环境保护基础设施供给不足,且存在部门交叉管理,缺乏市场有效调节等问题。马小峰(2019)[67]指出在长江大保护中关注较多的是路域污染,实际上船舶的移动污染源也应当被重视,需处理好源头与居民用水"最后一公里"的问题。吴志广等(2021)[68]解释说明了在长江流域进行开发和保护的过程中将会遇到的技术方面的重要问题有哪些,其中包含长江流域在开发保护中的系统治理问题、四水问题耦合驱动机制等。对此,生态部部长李干杰表示,中央财政资金补偿成果显著,应当发挥市场经济的优势,做好长江大保护。根据新时期下长江大保护提出的新要求,卢文峰(2020)[69]提出相关对策建议,认为首先应以立法保障生态问题,其次是需要建立长江流域生态补偿机制,此外还需加强管网治理,摒弃传统的治水老模式,探索治理新思路。潘保柱(2021)[70]对长江河口、长江中下游以及长江上游三个区域部分各自所面临的水生态问题进行分析,并提出了应对措施。

(2)长江流域重大水利工程项目建设研究

发达国家的重大水利工程建设伴随着国家现代化的完成逐步实现,水资源利用程度已经达到较高水平,具有建设管理主体是政府、防洪减灾能力强、注重生态安全、科学技术含量高等基本特点(崔春丽,2018[71])。20世纪30年代国外学者开始关注重大水利工程的生态影响问题,提出近自然化工程,并且充分利用评估反馈,引入科技创新因素(段红东等,2019[72])。国外重大水利工程的投资方向与国民经济发展协调一致,合理区分投资类别,科学配置水利资金,水利法律体系完善以明确各方责任(姜斌等,2003[73])。

重大水利工程是水利基础设施建设的关键,它与水生态保护可以达成一致,对保障经济社会发展、生态保护有着重要作用(张云昌,2019[74])。刘嘉琦等(2013)[75]通过对长江大通水文站每日流量监测发现,汛后径流趋势转变可能与三峡工程项目有直接关系,在防洪、发电、航运等方面意义重大;陈越等(2009)[76]研究认为,三峡库区的建设对生物群落的演替与生存环境也具有长期的生态效应。罗丹(2020)[77]以三峡库区为例,研究 PPP 模型下的重大水利工程项目对该地区的影响。寇舍民(2020)[78]以汾河二库为例,通过收集该地区的资料,研究水利工程项目建设对河流汛期是否存在着影响。

经济社会的发展对长江大保护背景下的流域重大水利工程项目建设提出了新的要求,即坚持生态文明贯穿始终,增强造血功能(刘茂娇,2019[79]);新时期长江流域的重大水利工程建设还需加强业务系统的开发、协调与集成,强化 IT 技术的融合,提高水利工程战略能力(李文俊等,2018[80])。随着多个重大水利工程项目投入建设后,20 世纪八九十年代开始了相关重大水利工程的环境影响研究,其中主要以三峡为研究对象,对评价指标体系、环境要素、因子识别、评价方法等方面进行了系统研究,为之后重大水利工程的建设提供了大量支持(贾海燕等,2020[81])。

1.3 相关概念界定

1.3.1 重大水利工程

(1) 重大水利工程内涵

作为人类生活、生产的必须品,水资源的自然状态不能完全满足人类的需要。修建水利工程可以控制水流、防止洪涝灾害,并进行水量的调节和分配,以满足人民生活、生产的水需求。据此,水利工程可以被认为是用于控制和调配自然界的地表水和地下水,达到除害兴利目的而修建的工程。

根据工程的规模,水利工程可分为大型水利工程和中小型水利工程。据国家计委等 1978 年颁布的(78)23 号文和国家计委计基 1979 年颁布的(79)725 号文的相关规定,大型水利工程的标准为水库库容在 1 亿立方米以上、灌溉工程受益面积达 50 亩以上、其他水利工程(包括江河治理)总投资大于 2 000 万元。与此同时,上述两个发文还规定以下水利工程不论规模大小,除国家指定者外,均不作为大中型水利工程:分散零星的江河治理、原有水库加固,并结合加高大坝、扩大溢洪道和增修灌区配套工程的项目;分段整治、施工期长、年度安排有较大伸缩性的航道整治疏浚工程;城市的排水管网、污水处理、道路、立交桥梁、防洪、环保等工程。

学术界对于何为重大水利工程仍存在一定的争议。本文认为重大水利工程是指建设规模巨大、涉及因素众多、社会影响深远的大型水利工程,是在行政管理中被中央和省市政府批准建设并给与支持的工程项目。需要指出的是,本文所述的重大水利工程并非特指国务院于 2014 年确定的 172 项节水供水重大水利工程,只要符合相应条件的水利工程均可称之为重大水利工程。

水利工程按其目的一般可分为防洪工程、农田水利工程、灌溉工程、水力发电工程、航道和港口工程、城镇供水和排水工程、水土保持工程、渔业水利工程和围垦工程等。一项同时具备防洪、灌溉、发电、供水、航运等多种服务目的的水利工程,我们称之为水利枢纽工程。通常而言,基于社会发展需要,重大水利工程中的重大水利枢纽工程较多,如已建成的三峡水利枢纽工程、小浪底水利枢纽工程和尼尔基水利枢纽工程等。

(2) 重大水利工程特点

在欧美国家,投资规模大于 10 亿美元且被社会公众广泛关注的投资项目被定义为重大投资项目。与一般水利工程相比,重大水利工程不但投资规模大、影响范围广,而且社会公众关注度高。具体来讲,重大水利工程建设的特点体现在以下六个方面:

① 投资规模巨大。这是其区别于一般水利工程的最大特点。2016 年开工的引江济淮工程总投资额达 913 亿元。三峡水利枢纽工程 1993 年投资概算为 900.9 亿,2009 年实际完成投资总额为 1 863.44 亿元。南水北调工程投资总额更是高达 5 000 亿元。由此可见,重大水利工程就投资规模而言,投资金额相当巨大。

② 工程技术复杂。重大水利工程是一个结构复杂技术强度高的复杂巨系统,如三峡水利枢纽工程兼具防洪、发电、航运等功能,其水轮发电机组、高压电气设备、交直流输变电设备、升船机、船闸、水电站、泄水建筑物的机械设

备等重大技术装备,既是保证三峡水利枢纽综合效益发挥和保证以发电收益还贷的关键环节,也是水利工程世界性技术难题。

③ 建设周期长。由于工程浩大、技术复杂,重大水利工程的建设周期一般长达 3~5 年,更有三峡水利枢纽工程历时 17 年方建设完成。而根据南水北调工程规划,调水总规模达 448 亿立方米,建设时间约需 40~50 年。

④ 综合效益高。综合效益包括社会、经济、环境等各方面收益的总和。其中,经济效益指在工程建设投入使用后相比之前增加的财富或减少的损失,如兴建防洪除涝工程所减少的洪涝灾害损失等。立足工程所有者或管理者的角度,因灌溉、发电、供水和旅游等行为产生的现金流均为财务效益。经济效益和财务效益是经济评价的重要指标,也是重大水利工程资产证券化的基础现金流和着重进行风险分析的内容。

⑤ 自然垄断性。重大水利工程在自然地理位置上具有独特的垄断性,同一区域内不可能建设多个功能相似的重大水利工程。重大水利工程建设的初始投入规模很大,并且重大水利工程一般都属于长期资产,专属性高,针对性强,资产不易转作他用。所以重大水利工程建成后会形成大规模的固定成本,其中只有很小一部分资产属于流动性资产。由于重大水利工程的高投入和专用性,导致一般投资者很难进入市场,增加了重大水利工程的自然垄断性。

⑥ 影响范围广泛。重大水利工程对一个地区和一个国家的社会、经济、政治、文化、环境甚至军事都有重大而深远的影响。此外重大水利工程建设还存在各种各样的风险,风险范围涉及社会、经济、生态等各个层面。重大水利工程的修建,既有正效应,也有负效应。但是一般而言,考虑到重大水利工程的修建可以带来更多的正效应,尽管有负效应的存在,政府依然同意修建。

1.3.2 PPP 项目

20 世纪 90 年代初期,英国在公共服务的领域推广一种有关政府部门和私营机构的合作方式,也就是公私合作伙伴关系模式的项目(Public-Private Partnership,PPP 项目),随之世界各国和地区开始效仿并在众多项目中广泛使用这种合作模式,并将其作为本国或地区的一项重要政策。在 PPP 项目中,政府部门和私营机构间通过签署协议来提供产品或者服务,把双方优势发挥至最大化、共同承担风险、共同享受收益。因各国和地区的背景不同,所以世界各地对PPP项目的定义也有一定的差异。部分国外机构对PPP项目给出了定义具有代表性，如表1-1所示。

表1-1 国外机构对PPP项目的定义

国外机构	PPP项目的定义
加拿大PPP国家理事会	PPP是公共部门与私人部门之间建立的合作关系。这样的关系是在每个合作伙伴的专业知识与清晰的定位之上建立完成的，最终能够对资源、风险及回报合理分配
美国PPP国家理事会	PPP是应公共基础设施或者服务的发展需要而生的介于私有化与外包间并将两者特点融合的一种公共产品项目，公共部门和营利性的私人部门共同享用资源、共同承担风险
联合国发展计划署	PPP是在某个特定项目下，政府与私营部门为了达到比自己单独投资管理时所产生更多利益的目的从而形成的一种彼此相互合作的关系。政府和私营部门两者共担风险并且对该项目负责
欧盟委员会	PPP是指政府部门和旨在能够提供基础设施资金、建设、改造、管理以及维护服务的商业界间不同形式的合作项目

根据上述机构的观点，我们可以从广义和狭义两个层面来理解PPP项目的定义。广义层面的PPP项目可以解释为政府与私营部门建立合作关系，以此提供公共产品或者服务；而狭义层面的PPP项目泛指为一系列融资项目的总称，如设计—建设—经营（DBO）、建设—拥有—经营—转让（BOOT）、购买—更新—经营—转让（PUOT）等多种融资方式项目。项目的所有权和经营权、社会资本的参与程度及风险与利润的分配状况的不同构成了融资方式的不同，图1-1即为公共部门和私营部门的合作深度与之对应的风险承担大小的排序。从图1-1可以看出，私营机构参与程度越深，则自身所需承担的风险就越大，直至完全私人投资程度。

PPP项目的本质就是政府部门通过向私营部门提供行之有效的公共政策和规章制度，以此来吸引私营部门投资公共基础设施领域，并对公共项目进行设计、融资、建设与经营，最后为了提高公共基础设施的质量或者公共服务水平，将全部或者部分项目经营权交给私营单位管理。其典型的项目结构模式为:政府部门组织项目招标,由项目中标者即为私营机构与股权投资机构,共同出资建立经营公司,并建设运营 PPP 项目;政府部门为增加 PPP 项目的融资能力,向金融机构提供承诺担保协议书;建立的经营公司同建造承包商、原材料供应商等签署合同,完成项目的设计、建设、采购等相关工作,并对项目投保,签订保险合同,最大化降低 PPP 项目损失,整个结构模式如图 1-2 所示。

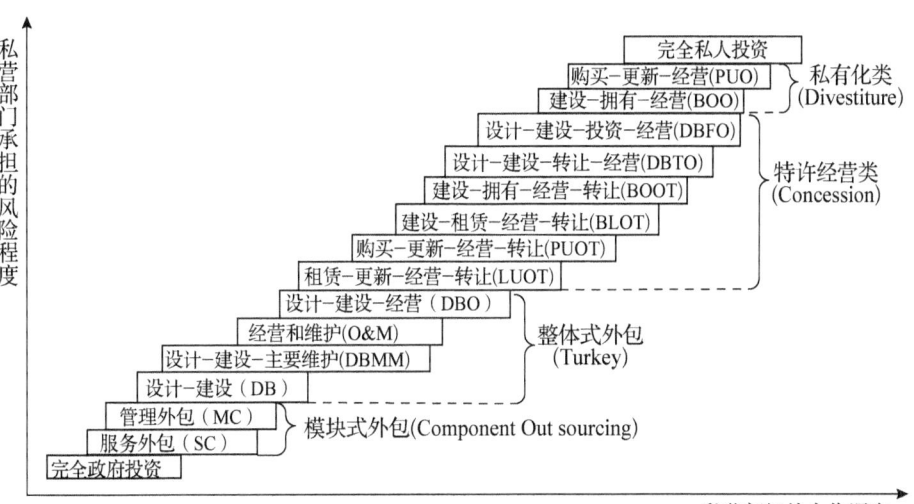

图 1-1 私营机构采取不同融资模式时的风险程度

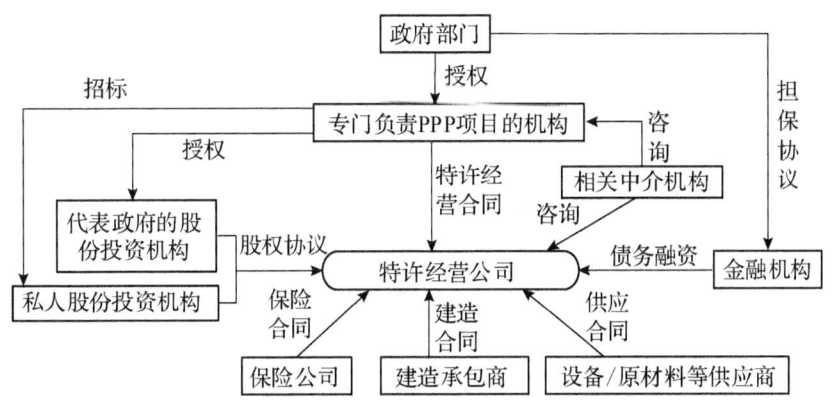

图 1-2 PPP 项目的基本结构

1.3.3 资产证券化

(1) 资产证券化的定义与特点

① 资产证券化的定义。

资产证券化是对缺乏流动性但拥有可预见的稳定现金流的资产进行结构安排,将资产中的风险及收益要素分离、重组后转换成为在金融市场上出售、流通的证券产品的融资过程。需要区别的是,房地产信托投资基金(Real Estate Investment Trusts,REITs),其主要是用来投资到房地产项目中,是一种在大型交易所购买或者售出的类似于股票的证券。投资者可以使用基金投资物业项目或者直接抵押。REITs在缴纳税务时能够享受额外的优惠,能够为投资者带来极高的利益,这种投资渠道在市面上流通性很高。其本质为房地产资产证券化的一种形式,投资的物业项目一般为酒店、购物商场、医疗中心、写字楼等,这些通常交由基金发起人组建的资产管理公司打理,主要通过商业地区的不动产租金和增值收入来获取收益。

② 资产证券化的特点。

作为一种新型金融手段,资产证券化有以下4个特点:

第一,以资产的未来现金流融资。资产证券化最大的特点就是以资产的未来现金流为保障实现提前融资,这主要得益于风险隔离技术,基础资产与原始权益人被隔离开使得基础资产的未来现金流的状况替代原始权益人的资信状况成为投资者最关心的因素。

第二,表外融资。与传统融资行为相比,采用资产证券化融资的资产会从资产负债表中剔除掉,并在当时对收益和损失进行确定后不再增加原始权益人的负债或所有者权益。这是由于,资产证券化过程中真实出售的要求使得基础资产所有权发生转让。

第三,低成本、低风险融资。资产证券化成熟的结构设计和配套的信用增级、评级技术,能为基础资产提升信用等级进而降低发行失败的风险。这也是吸引社会上的投资者自发投资而降低融资发行成本的原因。据有关专家估计,相对于传统融资方式通过资产证券化融资的原始权益人每年可节约至少金额为融资总额的0.5%的成本。

第四,基础资产范围广。资产证券化对基础资产的限制很少,只要满足拥有稳定的未来现金流的条件,基础资产可为信贷资产、租赁和应收账款、商业物业的租金收益权、高速公路的收费权、水电站的发电费用等。在我国只需避开证监会所规定的《资产证券化基础资产负面清单》中所列即可。

(2) 资产证券化的参与方

资产证券化由于其流程和结构的复杂性,涉及众多主体,主要有以下 8 个参与方:

① 发起人(Originator):也称为原始权益人,即拥有证券化基础资产的所有人,同时他们也是融资获得的资金的拥有者。

② 特殊目的载体(SPV):发起人将自己选择好的证券化资产进行资产池的成功构建之后,便会把该资产池卖给中间机构,即 SPV。该机构具有独立性、专门性,也具有法律效益。其作用是:降低破产风险,尽可能地保障发起人的权益,保障资产的出售安全性。

③ 服务人(Servicer):通常发起人会充当这一身份。其主要是定期地将所产生的现金流进行收回,并将其交至 SPV 来偿还本息。

④ 受托人(Trustee):受托人是服务人与信用增级机构和投资者的中介,主要负责在项目运行时进行资产的购入以及相关证书的发行。当项目结束之后,受托人会将现金转化为银行存款并将相关信息向投资者进行反馈。倘若还款期限未至,受托人拥有自主选择将资金进行再投资的权利。

⑤ 信用增级机构(Credit Enhancer):信用增级机构是指通过自身信用来分散或者转移证券化运作过程中产生的风险,从而提高基础资产的信用级别达到降低发行失败风险和降低融资成本的目标的第三方机构。

⑥ 信用评级机构(Rating Agency):信用评级机构主要负责评定资产或证券的级别。证券化资产在进入市场进行交易活动之前必须要经过专业的信用评级机构的公开评级。这一过程能够为投资者提出有效而合理的建议,从而帮助他们更加高效地进行决策。

⑦ 承销商(Underwriting):在进行信用评级之后,SPV 会把证券带入市场进行出售,而一旦发行,承销商便负责将受益转交给 SPV,之后 SPV 会缴纳相关的服务费用。

⑧ 投资者(Investor):投资者是购买证券产品的机构和个人。国内资产证券化的投资者以银行、保险公司、养老社等机构为主。

（3）资产证券化的运作流程

一次完整的资产证券化交易一般都按照以下9个步骤运作（见图1-3）：

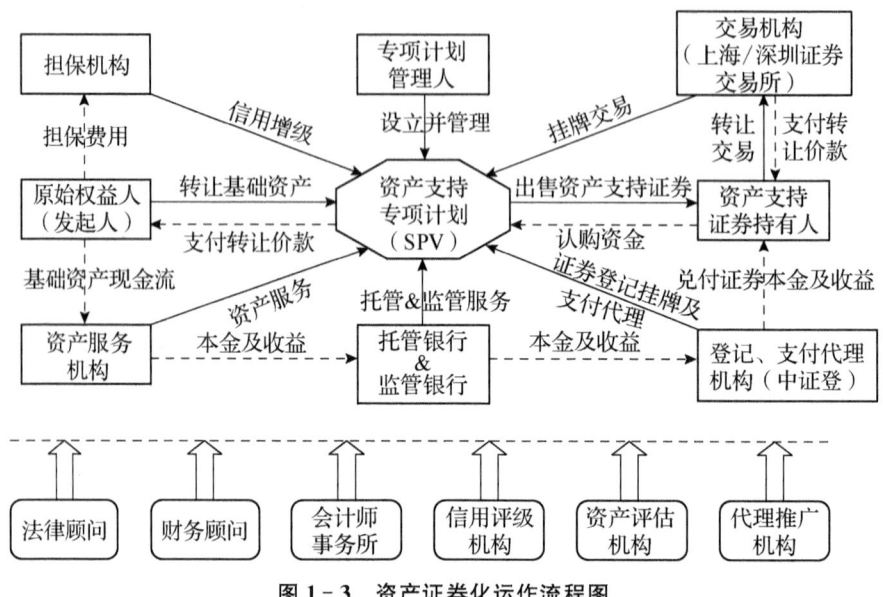

图1-3 资产证券化运作流程图

① 确定证券化基础资产并组建资产池。

发起人（又称原始权益人）在明确自身融资需求后确定进行证券化的基础资产。在基础资产的选择上，一般来说，现金流不够稳定、同质性低、信用质量较差或者难以获得相关统计数据的资产是不宜于被直接证券化的。

② 设立特殊目的机构（SPV）。

SPV是一个为本次资产证券化的交易而专门设立的、作为证券发起主体的特殊实体，目的是为了尽可能地降低发行人的破产风险对证券化的资产的影响，即将证券化资产与发起人其他资产进行"风险隔离"。SPV的设立形式通常为信托投资公司或者其他独立法人主体等。

③ 资产的真实出售。

证券化运作流程中十分重要的一个步骤便是将被证券化资产从发起人向SPV转移。这个步骤中处理涉及法律、税收和会计问题的准则是保证资产是"真实出售"的。这样是要实现被证券化资产与发起人之间的"破产隔离"：当发起人破产时其他债权人无权对已证券化资产实行追索。

④ 信用增级。

为了实现吸引投资者、降低融资成本的目的,必须对资产证券化基础资产进行信用增级以提高发行证券时的信用级别。信用增级分为内部增级和外部信用增级两类:内部信用增级方式主要有划分优先级、次级结构和建立利差账户等,外部信用增级则有银行开立的信用证、第三方担保和保险公司的保险函等。

⑤ 信用评级。

在交易过程中基础资产需要经历信用评级机构在正式发行前的两次评级初评和增级后的发行评级。信用评级机构在审查各种合同和文件的合法性及有效性后给出评级结果。越高的信用等级说明该证券风险越低,越能吸引投资者购买进而降低发行证券的发行成本。

⑥ 发售证券产品。

这一步由 SPV 委托的证券承销商来实施。目前在我国金融市场上,一般证券产品的销售方式是公开发售和私募兼有。

⑦ 向发起人支付资产购买价款。

证券承销商在销售完证券产品后将现金收入交给 SPV。SPV 在向在交易过程中聘请的各专业机构支付费用后,按事先约定好的价格向发起人支付购买已被证券化资产的款项。

⑧ 管理资产池。

作为发行主体,SPV 应聘请专门的服务机构管理资产池的资金,保证整个资产证券化的正常运行和各参与方的合法权益。

⑨ 清偿证券。

按照证券发行说明书的约定,受 SPV 的委托,在受托人证券偿付日按时、足额地向各投资者偿付本息。利息通常是定期支付的,本金偿还按照合同规定,需要注意的是当剩余现金流和担保金额不足以偿付本金时则按照规定的清算安排进行顺序清算。在证券全部偿付完毕后,如果基础资产池的现金流仍有剩余,则将剩余返还给交易发起人,至此资产证券化交易全部结束。

1.4 主要内容、研究方法与创新点

1.4.1 主要内容

本书主要内容包括了以下八章内容：

第一章是绪论。从长江大保护国家战略背景下重大水利工程建设的必要性及资产证券化需求出发，对本书的研究目的和研究意义进行阐述，并对前人研究成果进行回顾梳理，对本书中重大水利工程、PPP项目、资产证券化等相关概念进行界定，并提出本书主要内容和创新点。

第二章是长江大保护中重大水利工程建设现状与问题分析。首先，梳理了长江大保护国家战略提出的背景、重要作用及重点领域；其次，基于长江大保护中流域重大水利工程建设基本情况，分析其现状与特点；最后，分别总结了长江大保护面临的突出问题及其重大水利工程建设面临的融资问题。

第三章是长江大保护中重大水利工程PPP项目风险因素分析。首先，基于PPP模式相关理论基础，分析了PPP项目合作模式优势；其次，从长江大保护中重大水利工程引入PPP模式的动因分析、项目运行流程以及融资特点等方面分析了长江大保护中重大水利工程PPP项目的运用；最后，剖析重大水利工程PPP项目风险形成机理，利用WBS-RBS与DEMATEL等方法界定长江大保护中重大水利工程PPP项目风险因素。

第四章是长江大保护中重大水利工程PPP项目风险分担框架研究。首先，梳理了长江大保护中重大水利工程PPP项目风险分担的影响因素、分担主体以及基本原则；其次，从不同阶段提出了长江大保护中重大水利工程PPP项目分阶段的风险分担矩阵；最后，基于效用理论提出重大水利工程PPP项目风险分担模型。

第五章是长江大保护中重大水利工程PPP项目的资产证券化研究。首先，梳理了重大水利工程PPP项目资产证券化的相关理论基础；其次，基于PPP项目资产证券化发展历程，总结其特点；最后，分析长江大保护中重大水利工程PPP项目资产证券化的必要性和可行性。

第六章是长江大保护中重大水利工程PPP项目资产证券化风险评价研

究。首先，从风险的不同阶段分析了长江大保护中重大水利工程 PPP 项目资产证券化风险形成过程；其次，对长江大保护中重大水利工程 PPP 项目资产证券化风险进行识别；最后，构建了长江大保护中重大水利工程 PPP 项目资产证券化风险评价模型。

第七章是重庆 G 水利枢纽工程案例研究。选取作为国家 172 项重大水利工程以及国家层面联系的社会资本参与重大水利工程建设运营第一批试点项目的重庆 G 水利枢纽工程，开展应用研究，探讨其风险分担方案，并对其资产证券化风险进行评价研究。

第八章是长江大保护中重大水利工程 PPP 项目融资风险应对。从项目工程质量与运营管理、财务规划、资产证券化交易结构、市场风险与政策变化等方面，提出长江大保护中重大水利工程 PPP 项目融资风险应对措施。

1.4.2 研究方法

本书作为兼有管理学、经济学、水利工程学特征的交叉学科研究，除采用文献梳理、实地调研、理论推导等基本方法之外，重点采用以下方法。

（1）文献综述与归纳法

依托相关国内外数据库、科研平台，回顾和总结国内外有关长江大保护、重大水利工程 PPP 模式、资产证券化研究的进展和前沿，梳理长江大保护中重大水利工程 PPP 项目基本情况，以及存在的融资问题，为本书研究提供支撑。

（2）辩证逻辑的方法

辩证分析长江大保护国家战略与流域重大水利工程建设、重大水利工程 PPP 项目风险分担以及资产证券化风险等客观现实本身，从个别与一般、部分与整体、单一与多样、简单与复杂等多方面，剖析长江大保护中重大水利工程 PPP 项目风险分担与资产证券化过程，从理论上将"风险如何分担以及资产证券化风险管理过程"既具体又完整地再现出来。

（3）系统分析法

运用系统分析法对长江大保护中重大水利工程 PPP 项目风险分担与资产证券化进行研究，通过归纳和演绎，探寻其基本特征，回答如何进行资产证券化以及如何管控其风险,形成了"行为研究→价值研究→规范研究"的系统分析基本步骤,为本书政策科学研究(长江大保护中重大水利工程PPP项目融资风险应对)提供基础。

(4)模型分析法

基于效用理论方法与模糊层次分析法等方法,构建了长江大保护中重大水利工程PPP项目风险分担模型及资产证券化风险评价模型,探索长江大保护中重大水利工程PPP项目风险如何分担以及资产证券化风险如何管控。

1.4.3 主要创新

(1)研究视角的创新

从长江大保护中重大水利工程PPP项目关键主体风险共担的视角,从不同风险分担阶段探讨长江大保护中重大水利工程PPP项目风险分担方案,并评价其资产证券化风险。

(2)研究方法的创新

将WBS-RBS、DEMATEL、效用理论方法、模糊层次分析法等研究方法引入长江大保护中重大水利工程PPP项目风险分担与资产证券化研究中,定量研究长江大保护中重大水利工程PPP项目风险分担与资产证券化风险。

(3)研究应用的创新

选取重庆G水利枢纽工程为典型案例进行应用研究,其是国家172项重大水利工程之一,也是国家层面联系的社会资本参与重大水利工程建设运营第一批试点项目,对其风险分担与资产证券化风险进行研究,具有应用创新。

第二章 长江大保护中重大水利工程建设现状与问题分析

2.1 长江大保护国家战略

2.1.1 长江大保护国家战略提出的背景

长江作为我国的母亲河,其生态资源、生物多样性资源以及矿产资源为中华民族的复兴提供了坚实的物质支撑,在见证我国经济社会文化等各个方面的发展的同时,自身的生态环境遭到了严重破坏、亟待修复,开发与保护之间的博弈导致的流域内发展不平衡不协调问题也日益突出。早在20世纪90年代,长江经济带就被确定为国家经济发展的主要轴线,并且与沿海发展战略形成"江海一体"的空间战略。2005年,为了切实做好新时期长江保护与开发工作,长江沿江的上海、浙江、江苏等11个省市协同国内外有关组织,共同发起了"保护与发展"的长江论坛,各方学者对话交流,群策群力探讨长江保护的有效途径。然而,"长江是保护还是开发"这一矛盾一直没有得到有效解决。态度立场决定政策制定,制度安排反映解决思路。习近平总书记亲自部署、推动长江经济带的发展,分别在重庆、武汉、南京三地召开座谈会,指明长江经济带发展的方向。

2016年1月,习近平总书记在重庆主持召开推动长江经济带发展座谈会。秉持着"治好长江病""严格追根溯源、系统诊治"的思想,习总书记提出"当前和今后相当长的一个时期,要把修复长江生态环境摆在压倒性位置,共抓大保护,不搞大开发","共抓大保护"是针对生态环境的保护问题,"不搞大开发"是针对经济发展的问题,"共抓大保护、不搞大开发"是辩证统一的路径策略。2016年9月正式发布《长江经济带发展规划纲要》,标志着长江大保护上升到了国家战略的高度,确立了长江经济带的发展格局为"一轴、两翼、三级、多点",以长江黄金水道为轴,发挥上海、武汉、重庆的核心作用,以沪瑞和沪蓉两大运输通道为两翼,长江三角洲、长江中游和成渝三个城市群为三大增长极,发挥三大城市群以外多点地级城市的支撑作用。此规划明确了长江经济带生态优先、绿色发展的总体战略,成为长江生态恢复的一剂良方,长江大保护国家战略与"一带一路"建设、京津冀协同发展和粤港澳大湾区建设共同构成了新时代区域协调发展战略的基本内容。

2018年4月,习近平总书记在武汉主持召开深入推动长江经济带发展座谈会。《长江流域水生态环境保护与修复行动方案》《长江流域水生态环境保护与修复三年行动计划(2018—2020)》等文件的颁布,指明了"四个切实"的科学路径,明确长江经济带发展需要把握的"五大关系",全面开展流域内的生态保护与修复工作,即:第一,正确把握整体推进和重点突破的关系,全面做好长江生态环境保护修复工作;第二,正确把握生态环境保护和经济发展的关系,探索协同推进生态优先和绿色发展新路子;第三,正确把握总体谋划和久久为功的关系,坚定不移将一张蓝图干到底;第四,正确把握破除旧动能和培育新动能的关系,推动长江经济带建设现代化经济体系;第五,正确把握自身发展和协同发展的关系,努力将长江经济带打造成为有机融合的高效经济体。2019年进行沿江化工企业专项整治、城市黑臭水体整治、农业面源污染整治、非法码头整治、非法采砂整治、饮用水源地保护、沿江企业污水减排、磷石膏污染整治、固体废物排查、城乡垃圾整治,积极采取长江经济带绿色发展十大战略性举措(加快发展绿色产业、构建综合立体绿色交通走廊、实施园区循环发展引领行动、推进绿色宜居城镇建设、绿色发展示范、探索"两山"理念实现路径、建设长江国际黄金旅游带核心区、大力发展绿色金融、支持绿色交易平台发展、倡导绿色生活方式与小幅模式），开展河库长制、"四个三"重大生态工程等四项重点工作，贯彻落实习近平生态文明思想，以"钉钉子"的精神排除万难、保证各项目标任务顺利落地。

2020年11月，习近平总书记在南京主持召开全面推动长江经济带发展座谈会，为新发展阶段的长江经济带发展指明了方向。从2020年1月1日起开始实施长江长达十年禁渔计划，铁腕整治非法码头，专项整治非法采砂。生态环境保护合力逐步形成，为共抓长江大保护、走绿色优先发展道路提供了坚实基础。2021年3月1日，中国第一部流域法律，名为《长江保护法》，开始正式实行。其中明确地提出了立法的首要目的是加强长江流域的生态环境保护及修复，核心内容是保护资源、修复生态环境和预防治理水污染。

长江大保护相关政策文件如表2-1所示。

表2-1 长江大保护相关政策文件

发布时间	政策文件名称	发文字号
2014年6月9日	国务院办公厅关于印发推进长江危险化学品运输安全保障体系建设工作方案的通知	国办函〔2014〕54号
2014年9月12日	国务院关于依托黄金水道推动长江经济带发展的指导意见	国发〔2014〕39号
2015年3月26日	国务院关于长江中游城市群发展规划的批复	国函〔2015〕62号
2016年3月25日	中国中央政治局审议通过《长江经济带发展规划纲要》	—
2016年5月22日	国务院关于长江三角洲城市群发展规划的批复	国函〔2016〕87号
2017年7月13日	原环境保护部、国家发展和改革委员会、水利部关于印发《长江经济带生态环境保护规划》的通知	环规财〔2017〕88号
2018年1月30日	财政部、原环境保护部、国家发展和改革委员会、水利部关于印发《中央财政促进长江经济带生态保护修复奖励政策实施方案》的通知	财建〔2018〕6号
2018年10月26日	国家发展和改革委员会、生态环境部、农业农村部等印发《关于加快推进长江经济带农业面源污染治理的指导意见》的通知	发改农经〔2018〕1542号

续 表

发布时间	政策文件名称	发文字号
2018年12月31日	生态环境部、国家发展和改革委员会关于印发《长江保护修复攻坚战行动计划》的通知	环水体〔2018〕181号
2018年11月5日	生态环境部办公厅关于印发《长江流域水环境质量监测预警办法(试行)》的通知	环办监测〔2018〕36号
2019年12月1日	中共中央、国务院印发《长江三角洲区域一体化发展规划纲要》	—
2021年3月1日	第十三届全国人民代表大会常务委员会第二十四次会议通过《长江保护法》	中华人民共和国主席令第六十五号

2.1.2 长江大保护国家战略的重要作用

(1) 保护生态环境

长江大保护战略坚持以绿色为底色,破除以往"追求快出政绩,以环境换增长"的旧观念,形成了生态保护的硬约束。目前长江流域区域发展不平衡、水生态形势严峻、危险化学品运输泄露风险大,发展与保护之间的矛盾依旧突出。在该战略下,各级政府能够对照任务清单,切实落实,对症下药,改善长江生态的严峻态势。战略提出要完善环境污染联防联控机制,实施负面清单,建设统一的生态环境监测网络,各区域生态信息共享;统筹城市各要素施策,即产业实现绿色升级,将高污染高耗能高排放的产业逐渐发展成为新型高端产业,降能减排;重新规划城市中山水林田湖,保护水生态和生物多样性,科学的进行宜林则林,推进生态恢复工程。

长江大保护战略坚持生态优先绿色发展的理念,其首要作用便是对生态环境进行保护,致力打造出一条美丽的绿色生态走廊,以良好的生态工程建设为其他工程项目的开展提供有力的基础支持。破解长江经济带生态环境管理破碎化难题,促进流域内整体性、系统性保护。

(2) 推动经济发展

长江经济带绿色发展,是处理好金山银山与绿水青山协调发展的正确选择,也是实现可持续发展、促进现代化建设的内在要求。长江大保护战略以沿江城镇为节点,形成了长江三角洲城市群、长江中游城市群、成渝城市群三大城市群,打造三大经济增长极,发挥长江主轴的辐射作用,建设中西部新型城镇化先行区,"两型"社会建设引领区,同时向南北两侧延伸,带动其他城市的经济发展。

长江大保护国家战略一方面带动了城市内部的经济增长,使每个城市不断完善各自的城市功能,进行产业优化升级,发展自身优势产业,打造特色城市。同时借助供给侧结构性改革化解高耗能产业过剩产能,鼓励生产的技术与创新投入,化解旧动能而培育新动能实现经济高质量增长;另一方面实现了长江大保护战略所覆盖的各城市之间的良性互动与协同发展,以及中心城市对周边城市的经济辐射作用,挖掘沿江两岸至广阔腹地的内需潜力,进行综合开发、综合治理以后,实现经济效益的提升,从而带动整个流域地区经济的飞跃发展。形成区域间互动合作,凝结整体合力,树立"一盘棋"的思想,使整个经济市场更加有序统一、经济互动更加和谐频繁、经济运营机制更加合理科学,协同发力,打造有机融合的高效经济体。

(3) 维护社会和谐稳定

长江经济带面积广阔、具有明显的区位优势、产业优势、资源优势以及人力资源优势,城市密集、市场广阔,兼有沿海和内地两方面的经济特征,经济总量超过全国的40%,复杂的区域经济社会需要有统筹良好的、更为系统的方法进行治理。

长江大保护战略以人为本,极大的保障市场的决定性作用,完善"政府统领、企业施治、市场驱动、公众参与"的保护机制。除已有三大城市群以外,还有中等城市群和其他一些城市系统,以城镇化为契机,引导人口有序合理集聚,完善居民生活区内基础设施与公共服务,提升城镇化的水平,同时依托黄金水道建设现代综合交通体系。此战略是关乎百姓切身利益、人人共同参与的战略,打破了行政区域局限,消除地方保护主义,鼓励全民行动,提高群众参与度,增强群众责任感,向群众开放多项渠道,倾听人民声音,关注百姓需求,保护不同群体的利益。生态环境建设联动,对产业进行合理布局,有利于恢复长江流域的生态资源优势。计划到2020年年底,实现地级市及以上城市集中饮用水水源水质优良比例高于97%,有条件的地区实现农村生活垃圾处置体系全覆盖。由此形成人与人、人与自然和睦相处、充满创造活力的和谐美好社会。

2.1.3 长江大保护国家战略的重点领域

长江生态、经济、能源在我国有着举足轻重的地位,"共抓大保护"是走生态优先、绿色发展道路,是要以大保护、生态优先的规定倒逼传统产业转型升级,实现绿色协调的高质量发展;不搞大开发,是要防止一哄而上,刹住无序开发、破坏性开发和超范围开发,实现科学、绿色、可持续的发展。十八大报告为我国生态文明指明了方向,同时也为长江大保护提供了治理思路,全面促进资源节约,加大流域环境生态保护力度,建设全国示范引领生态文明区域。

(1) 水资源管理与保护

十八大以来,习总书记提出"节水优先、空间均衡、系统治理、两手发力"的新时期治水方案,目前上蓄、中调、下引的水资源开发格局已基本形成。在水资源管理中,开展严格的水资源论证工作,发挥"三条红线"的空间结构布局效用,简化行政审批工作,逐步探索建立水权交易制度。2019年水利部部署开展年度最严格水资源管理制度考核工作,完成汉江流域中长期水资源预测量研究报告审查。

(2) 工程建设与管理

为加强对河道项目的管理,在长江流域河道管理范围内新建、扩建、改建的建设项目,包括开发水利(水电)、防治水害、整治河道的各类工程,跨河、穿河、穿堤、临河的桥梁、码头、道路、渡口、管道、缆线、取水口、排水口等建筑物,厂房、仓库、工业和民用建筑及其他公共设施(简称建设项目)等需经各级河道主管部门审查同意后方可履行基本建设审批程序。此外对各个水库病险问题进行例常核查工作,三峡工程运行安全综合监测系统也已经正式启动,积极推进长江流域控制性水利工程综合调度支持系统项目建设。

(3) 水旱灾害防御

长江流域大部分位于亚热带季风气候区,夏季炎热多雨,冬季寒冷少雨的气候特征,加之中下游平原地区地势低平,导致了长江旱涝灾害严重。根据《水法》和《防洪法》,按照"蓄泄兼筹、以泄为主"的方针,精细化调度流域内水库,做好水库蓄水安全保障工作,上中下游统筹管理时有重点地因地、因时施策,工程与非工程措施相结合。

(4) 水行政执法

长江流域水行政执法工作,必须要围绕统筹推进"五位一体"总体布局,也必须做到协调推进"四个全面"战略布局,构建责任明确、协调有序、监管严格、保护有力的河湖管理保护机制,建立和完善流域与区域、水利部门与相关部门的协作联动机制,抓好构建工作机制、建立执法平台、明晰执法事权、推进队伍建设、加强能力建设、加强日常巡查、开展专项检查、严格依法办案、加强普法教育等9大重点任务,加强组织领导、强化责任落实、严格考核评议,为推动长江流域保护和绿色发展提供水利法治保障。长江委与长航局携手共抓长江大保护,2018年9月已经完成6省、区、市的河长制暗访督查现场工作,对重点项目进行安全监督专项检查。

(5) 水土保持

2016年长江流域实施了五大中央资金安排的国家水土保持重点工程。其中中央预算内投资实施了水土流失重点治理工程、坡耕地水土流失综合治理工程、岩溶地区石漠化治理工程;中央财政专项资金实施了国家农业综合开发水土保持项目和国家水土保持重点建设工程,共完成水土流失治理面积4 293.81平方公里。随着近年来水土保持力度的加大,整个流域水土流失的程度比20世纪80年代大有缓解。到2020年,长江流域水土流失治理的面积将进一步增加,生态形势总体向好。同时为深入贯彻落实《水土保持法》,对长江水土流失重点防治区实施动态监测,在湖北、江西、四川等省逐步建立了水土保持监督执法专项行动督查。

(6) 采砂管理

长江流域采砂管理,实行地方人民政府行政首长负责制。沿江县级以上地方人民政府应当加强对本行政区域内长江采砂活动的管理,做好长江采砂的组织、协调和监督检查工作[①]。长江委开展中下游河道采砂管理巡江检查,对船舶进行集中管理,并与长航公安局深化长江河道采砂管理合作。

---

① 《长江河道采砂管理条例》第三条。

(7) 水利科技[①]

长江科学院一方面引进大量高科技人才,参与国家重大项水利目的设计与实施评估,一方面又派员参加"一带一路"灌溉排水发展与科技创新论坛。新推出的"长距离调水工程建设与安全运行集成研究及运用"项目正在努力实施中,"两湖多目标调控"和"南水北调应急抢险"两项国家重点研发计划项目也在通过中。

2.2 长江大保护中重大水利工程建设现状与特点

2.2.1 长江大保护中流域重大水利工程建设基本情况

长江流域的水能资源丰富,随着我国社会经济的快速发展,水资源与能源的需求在全国范围内不断地增长,因此加快长江流域的水利建设与大力开展长江流域水资源调配成为当前一项迫切的工作。

我国地域辽阔,水资源总量比较丰富,占全球水资源的6%,但其时空分布不均,导致人均水资源量相比世界平均水平较低。但从全国的角度来看,长江流域的水能资源比较丰富,而随着我国社会经济的快速发展,水资源与能源的需求在全国范围内不断地增长,因此加快长江流域的水利建设与大力开展长江流域水资源调配成为当前一项迫切的工作。自新中国成立以来,我国政府高度重视重大水利事业的发展,特别是在水能资源富足的长江流域,前后有荆江分洪工程、三门峡黄河大坝、丹江口水利枢纽、刘家峡水电站、葛洲坝水电站、三峡大坝、南水北调等多项重大水利工程,合理使用了长江流域的水资源,最大限度的发挥了长江流域重大水利工程的防洪、发电、排涝、灌溉等职能,为我国能源与电网建设做出重大贡献[82]。

2011年,中央一号文件《关于加快水利改革发展的决定》的提出和中央水利工作会议的召开,首次把水利提升至关系到国家经济、生态环境、国土安全的战略高度,标志着水利投融资体制改革进入全新的阶段。一号文件与中央水利工作会议均提到多渠道筹集资金,保证水利投入逐年稳定增长,解决重大

[①] (1)~(7)均参考长江水利委员会官网信息 http://www.cjw.gov.cn/。

水利工程建设不足的问题,加快重大水利工程项目改革的步伐。2011年,我国在水利建设领域一共投资了3 452亿元[83]。虽然我国重大水利工程建设的投入资金逐年递增,但是重大水利工程的投融资体制依旧存在很多亟待处理的难题,主要包括中央财政投入水利建设的资金不足、地方用于水利建设的资金难以及时到位、未充分发挥金融平台的有效作用、水利建设的法规制度还需完善、政府行政过多干预水利建设等。

自党的十八届三中全会以来,PPP模式在水利工程领域得到了积极有效的运用。2015年5月,国家发改委、财政部和水利部从172项节水供水重大工程中确立了黑龙江奋斗水库、安徽江巷水库、甘肃引洮供水二期工程、新疆大石峡水利枢纽、福建上白石水库、湖南莽山水库、重庆观景口水库等12个第一批国家层面重大水利工程PPP模式试点项目,试点项目涵盖珠江、长江等水系,且在长江流域列入了湖口以下的江西、安徽、江苏等3省11个长江干流河道整治项目,治理总长度496.11 km,规划总投资103亿元,截至2019年年初,4项工程已完工,4项工程已开工建设,8项工程初设已批复,8项工程可研已批复,3项工程正在开展可研工作。

截至2019年年底,我国172项节水供水重大水利工程项目已累计开工130余项,其中75%的项目在中西部地区,56%的项目在贫困地区,极大地促进了区域协调发展,也为推动贫困地区攻坚发挥了极大的作用。其中,重庆观景口水利枢纽项目总投资38.68亿元,主体工程主要包括大坝枢纽和输水线路,大坝水库总库容1.52亿立方米。项目投运后,可满足重庆江南新城日益紧张的供水需求,同时承担重庆主城中心城区380万人的生活应急供水任务。项目开工以来,陆续完成工程3号引水隧洞、建设工程一号有压隧洞,并以长距离硬岩微盾构顶管施工技术创造了隧洞工程同类型硬岩顶管施工的世界纪录。

2.2.2 长江大保护中流域重大水利工程建设重要地位

(1) 提升长江流域的水安全保障能力

① 保障防洪安全方面。

重大水利工程最为重要的一个功能就是保障防洪安全。以长江三峡工程为例,其作为我国长江中下游防洪体系的重要核心工程,具有优越的地理位置,能够有效控制上游来水。三峡水库的调蓄功能,极大提高了荆江河段的防洪能力。若遇到特大洪水,以防荆江河段干堤溃决使得中下游地区遭受洪水威胁,可配合运用荆江分洪等分蓄洪工程来避免或者减轻洪灾损失。此后长江流域的重大水利工程项目陆续开工与建成,特别是随着江西峡江水利枢纽的竣工验收,标志着长江流域整体防洪能力再一次提高。

图2-1 江西省峡江水利枢纽工程大江截流仪式

② 保障供水安全方面。

重大水利工程除了保障防洪安全之外,还具有保障供水安全的重要作用。以位于长江流域的南水北调中线一期工程为例,2014年12月正式通水后,累计向受水地区供水达220亿立方米,这极大改变了华北地区的供水结构和城市水质。另外,从专业的角度讲,将长江的水补充到需水区域后,在一定程度上对解决华北地区的生态问题起到了积极作用,尤其是由于过度开发水资源导致海河流域生态环境恶化的问题。另外,通过治理污染问题、河道生态补水和修复,使地区生态环境得到改善,推动地区经济发展,尤其是京津冀协同发展战略的实施使得华北地区的经济得到发展以及人民生活水平得到提高。

图 2-2 引大济湟调水总干渠实现成功通水

③ 在保障粮食安全方面。

长江流域的重大水利工程对于保障粮食安全也起到了重要作用。长江流域的农田灌溉水有效利用系数近几年有明显提高,从2012年的0.516逐年提升到2017年的0.548,大中型灌溉区续建配套与节水改造使得"十三五"期间的高效节水灌溉面积每年新增2 000万亩以上,极大促进了粮食的增产丰收。

长江流域的农业、种植业涉及范围广泛,是我国不可或缺的粮食种植区域,因此提高长江流域的农业灌溉水平具有重大的现实意义。长江流域的重大水利工程项目建设能够在很大程度上优化农业灌溉,有效改良灌溉水质,全面推进节水农业的发展。在长江流域积极兴建重大水利工程项目,不仅能够充分满足农业灌溉的基本需求,同时还能够规避由于自然灾害导致的农田受损问题。为了符合水利工程的灌溉需要,在重大水利工程项目建设时需要考虑区域的降水量以及农业生产最大用水量,通过科学合理规划保证工程的成效。

在未兴建水利项目时,一般采用传统的农业灌溉模式,这种传统灌溉模式易受到自然环境的影响,当发生自然灾害(如干旱)时,长江水位下降,湖水枯竭,则农田将无水灌溉。因此,长江流域建立重大水利工程十分必要,通过水利工程不仅能够蓄水储水,还可以帮助农业生产,有效应对自然灾害问题。

④ 在保障生态安全方面。

长江流域的重大水利工程对于保障生态安全也起到了重要作用。例如,在太湖流域开展的水环境综合治理骨干引排通道以及牛栏江—滇池补水等工程,对该流域的生态环境起到了明显改善作用(见图2-3)。

图2-3 德泽水库段的牛栏江及库区

(2) 带动长江流域产业部门的投资

在我国,水利是国民经济的基础产业和基础设施,具有"兴利"和"除害"的功能,重大水利工程项目是水利经济的载体,投资则是长江流域重大水利工程项目在国民经济发展过程中的主要表现形式,按其对重大水利工程项目的影响方式划分,重大水利工程投资影响方式包括直接投资和间接投资,其对于国民经济的发展显然具有一定的拉动作用。

① 直接投资。

长江流域重大水利工程建设可以影响到上、下游产业,由于工程建设所增加的物资需求,可以使得长江上游企业的收入增加,为了扩大生产提高生产效率,长江上游产业将扩大投资。由此可见,这种后向效应可总结为重大水利工程建设所推动的直接投资,如重大水利工程建设所需原材料需要直接采购,所需机械设备可通过租赁或在购买进行使用。工程建设的规模大小、工程类型可以影响该工程能够带动多大规模的直接投资。然而,因为这种直接投资是通过工程建设的物资需求使得产业部门的收入提升再到扩大投资,可见重大水利工程带动直接投资的过程是缓慢的,并不能立即带动直接投资。

② 间接投资。

长江流域重大水利工程建设可以对供水、防洪等相关的长江下游产业产生影响,带动这些产业增加投资。由此可见,这种前向效应可总结重大水利工程建设所推动的间接投资。由于重大水利工程可以有效防洪,提供供水,从而可以推动供水、防洪等相关长江下游产业的投资。同时,重大水利工程建设所需的配套项目建设与工程的建设内容与工程功能定位相关,工程可以推动的长江下游产业的类型取决于水利工程的类型。当然,因为工程的建设周期和其产生效益所需时间都比较长,所以重大水利工程建设推动间接投资的过程相对滞后。

(3) 促进长江流域乃至全国范围内居民的就业

在长江流域的重大水利工程建设可以促进居民的就业。由于重大水利工程的投资规模很大,并且施工量大、工期长、用工数量多,所以各方面各阶段的工程建设都需要大量的人员,如工程设计阶段、施工阶段等,不仅需要劳动力,还需要技术专业人才,因此可见重大水利工程可以促进地区的就业,并且可以扩大农民的就业渠道,增加居民收入。长江流域大水利工程建设的规模、工程类型、工程组织实施模式很大程度上影响长江流域乃至全国范围内居民就业的规模;其次,重大水利工程建设通过推动上中下游行业投资,使得这些行业能够吸纳更多的劳动力,即可以促进相关产业人员的就业。

2.2.3 长江大保护中流域重大水利工程建设的特点

(1) 长江大保护中流域重大水利工程的布局特点

长江流域经济发展水平较高,水能资源蕴藏量居我国首位,因此我国 172 项重大水利工程项目大部分分布于长江流域。如图 2-4 所示,从流域角度看,长江流域重大水利工程建设项目主要分布在长江流域的中上游地区或阶梯交界处,因为中上游区域和阶梯交界处河流落差大、径流量大,因此水能可以满足长江流域重大水利工程项目建设的需要;从城市角度看,长江流域重大水利工程建设项目主要集中在长江流域的支流与湖泊居多的重庆到湖北一带。例如,2015 年开工的鄂北水资源配置工程,2018 年开工的黄盖湖综合治理工程和荆江分洪区完善提升工程,2018 年完工的涔天河水库扩建工程。

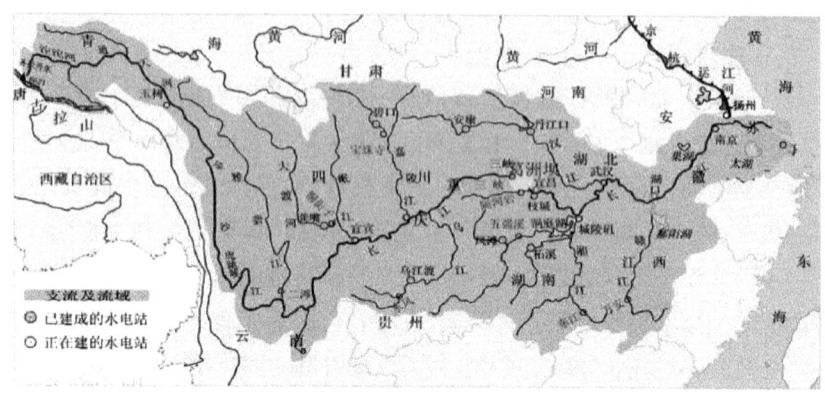

图 2-4 长江流域水系图

（2）长江大保护中流域重大水利工程的风险特点

重大水利工程项目从立项到完成后运行的整个生命周期中，都需要注重风险管理。长江流域的重大水利工程建设项目风险特点主要包括以下几点：

① 风险存在的客观性和普遍性。

在长江流域重大水利工程项目期间，风险无处不在。但由于风险是客观存在的，它超越了人们的主观意识。所以我们不可能完全去除风险，只能降低风险发生的频率以及减少风险产生的损失。

② 风险影响的全局性。

风险具有全局性，其产生的影响具有连锁反应从而影响全局。例如，若长江流域某一重大水利工程项目在建设过程中因暴雨或反常的气候造成了工程的停滞，则会影响整个后续工作。

③ 风险的可变性。

重大水利工程项目在建设过程中风险会发生质或量的变化。其中，有些风险可以通过人为努力得到有效控制，有一些风险难以避免发生，在项目建设的各个阶段，都会有不同的新的风险产生。

④ 风险的多样性和多层次性。

长江流域中重大水利工程的建设期间长、规模大、风险因素多，使其面临各种各样复杂的风险，由于这些风险的关系错综复杂，受到外部环境影响大，因此风险呈现多样性和多层次性的特点。

2.3 长江大保护中重大水利工程建设的问题

2.3.1 长江大保护面临的突出问题

(1) 协同治理机制不健全

长江大保护涉及长江沿线 11 个省市,包含上游成渝经济区、中游城市群和下游长三角地区。区域内部经济发展不平衡的情况显著,各区域对于经济发展与生态保护的诉求存在着差异。不同的主体有不同的利益诉求,每个主体都可能因为倾向于实现自身利益而忽视和规避公共利益。目前,长江流域各省际之间缺乏国家层面的利益协调机制和合作协商机制,全流域内整体的公共利益难以保证。长此以往,可能会造成流域内区域之间的利益冲突与不良竞争,甚至会进一步加剧区域发展不平衡。因而在当前长江大保护重大水利工程建设中,完善全流域内的协同治理机制刻不容缓。

协同治理机制是否能够顺利实施很大程度上取决于各区域之间的信赖关系和协作意愿,因此在协同治理中,需要合理地制定相应的补偿制度,补偿制度的完善与否会直接影响其他融资主体的融资决策,最终会间接影响一个项目的成败。在此方面,长江大保护战略正在不断完善,仍处于不健全阶段。补偿制度的不健全会造成开发地区和生态保护地区、发达地区和发展滞后地区的利益冲突,不利于区域内水利工程项目的合作。

除此之外,作为水利工程项目,尤其是长江大保护中的重大水利工程项目,是最有可能吸引民间和外商投资的,但目前来看,现有投资来源中,民间投资和外商投资仍然较少,原因在于缺乏行之有效的激励政策。

总体看来,长江大保护中重大水利工程项目的协同治理机制尚不健全,缺乏权威的利益协调总体方案,同时,具体的补偿制度和激励政策也不够完善。

(2) 风险管理不完善

① 法律规定混乱。

虽然长江流域开发了许多水利工程项目,但是中国关于水利工程项目系列相关问题的法律法规仍然不完善,每当遇到新问题时,总会出现法律法规所没有覆盖的方面或者是产生新的争议,因此很难保证水利工程项目的顺利实施。

作为长江大保护中重大水利工程项目的管理者,需要管理多方面的风险:一方面,重大水利工程项目管理者需要对所签订合同的风险进行识别和管理;另一方面,作为统筹全局的管理者,要站在全局的角度,统一协调各方利益,对于潜在风险进行识别;除此之外,在客观条件上,还需要完善的法律法规做支撑。以上三个方面共同管理,才可以全面地对风险进行管理。但是就目前情况而言,中国关于重大水利工程项目的法律法规还不够完善,有些规章制度会在多个部门出现交叉现象,实行起来较为混乱。

② 风险管理者专业化程度低。

一般而言,风险管理需要经历以下过程:首先需要对风险进行识别,将敏感因素提前"控制"起来;其次,将不同的敏感因素识别之后进行不同的分类和归纳;最后,针对不同的敏感因素,有针对性地提出相应措施。以上是最基本的风险管理过程。但是在实际实施的过程之中,由于很多风险管理者专业化程度较低,因此会有一定的困难。他们并没有按照既定程序执行,而是过于随意,不够系统和科学,因此常常会造成风险管理的混乱。除此之外,由于管理者自身管理能力的不足,偶尔会造成风险管理的失责。以上这些原因,往往会增加风险管理难度,严重影响工程项目的开发。

(3) 融资决策困难

① 融资来源过于集中。

中国长期的国情决定了当前长江大保护中大多数重大水利工程项目的融资仍然依靠政府拨款,其他融资来源所占比例和份额十分小。政府及其相关部门作为长江大保护中重大水利工程项目的首要资金来源,重点负责重大水利工程项目的投资决策和审批工作,但其财力有限,并且利用行政手段控制投资规模,常常造成水利工程投资项目的规模大起大落,具有不稳定性。通过以往数据可知,中国经济的发展水平与水利工程项目的投资具有密切关系。就目前而言,虽然多方积极提倡多元融资渠道,但是多元融资格局尚未形成,水利工程项目资金的配置机制依旧不完善,任重而道远。

② 间接融资成本高。

间接融资成本过高是长江大保护中重大水利工程项目发展在融资决策方

面较为突出的一个问题。尽管政府部门及其相关政策鼓励贷款并且给予政策支持,但是在贷款的过程中,仍然存在很多阻碍。例如,企业进行抵押和担保的过程是极其烦琐的,另外,银行在贷款之前还需要进行严格的审查,审查需要一定的时间,因此会在一定程度上影响企业的贷款能力和贷款积极性。

③ 融资范围不明晰。

在长江大保护中有很多重大水利工程项目,哪些项目是纯公共物品,哪些项目是准公共物品,政府及其相关部门并没有对这些重大水利工程项目进行明确的界定,导致融资决策过程中难以确定融资需求。

与此同时,政府的多重身份有时也会造成政企不分的现象:一方面,政府是管理者,具有管理身份;另一方面,政府又是投资主体,具有投资者的身份。因为没有明确的界定,大多数水利工程项目通常既有经营性资产又有非经营性资产,既有社会效益又有经济效益,属于综合性水利工程项目。由于缺乏合理的政企分工,使得这些项目的管理单位需要承担非经营性资产的管理和维护责任,而相关的费用又不能从政府获得足够的补偿,因此常常会引发经济纠纷,纠纷的原因在于政府对于水利工程项目融资范围和融资责任的划分不够明晰。

2.3.2 长江大保护中重大水利工程建设的融资问题

(1) 长江大保护中重大水利工程建设的融资方式

① EPC 模式。

EPC 建设工程(简称"EPC 模式项目"),集设计、采购和施工等为一体。整个工程项目包括项目前期立项、可行性研究报告、勘察设计、采购、施工、完工等几个阶段,由工程总承包商全面管理项目的建设周期、质量、安全和造价等。在 EPC 模式下,总承包商还经常为客户提供项目前期规划和立项、可行性研究和项目融资服务,以占据市场份额。项目融资一般是建设项目来筹措资金,并仅以项目自身预期收入和资产对外承担债务偿还责任的融资方式。项目融资在 EPC 建设工程中占据着重要地位,融资方式也日益多样化,有传统的,如银行贷款、债券发行和股票融资。近年来,融资租赁、可转换债券、资产证券化等也变得司空见惯。另外,一些公用设施类在未来有收益权的 EPC 建设工程项目中,还采用 BOT、BT、PPP 的融资方式。

② BOT 模式。

BOT 模式多应用于基础设施建设工程,如通信、生态环保、交通建设等。它是一种基础设施投资以及建设运营模式,主要是指政府与私人部门形成合作关系,私人部门凭借政府所颁发的特许来筹集基础设施项目建设的资金,并进行项目建设以及经营活动。通过 BOT 模式建设项目工程不仅可以减轻政府的财政支出负担,而且可以降低政府所面临的项目风险。其次,由于项目最终得到的回报率可以明确,项目实施会按照中标的价格实施,政府部门和私人部门的利益冲突便会很少。例如,中国长江三峡集团在安徽省芜湖市进行的长江大保护项目,采用了 BOT 模式开展城乡污水一体化 PPP 项目,通过这种 BOT 模式来进行县乡镇村污水处理一体化治理模式的研究。

③ BT 模式。

BT 模式是 BOT 模式的一种转变形式,是指政府通过利用非政府资金来开展非经营性基础设施建设的一种融资模式。BT 模式下,一个项目的运作通过项目公司进行总承包,在融资以及建设验收合格后再移交给业主方,最后投资方从业主方获得项目总投资以及相应合理回报的总过程。BT 模式的特点包括了以下几个方面:第一,BT 模式一般只适用于政府基础设施非经营性项目建设;第二,政府利用的资金是通过投资方融资的资金,至于资金是外资还是国内的,是银行的还是其他金融机构或私有的,只要是非政府资金就可以;第三,BT 模式一定程度上说仅仅是一种新的投资融资模式,其重点是 B 阶段;第四,投资方在移交时即基本完成,基本上不存在建成后投资方进行经营从而获取经营收入的情况;第五,政府按照约定的合同总价按比例分期向投资方支付。

④ PPP 模式。

PPP 模式是通过公共部门与私人部门的合作而进行基础设施建设的一种模式。政府通过这种模型来吸引私人部门社会资本投入公共基础实施建设当中来。在平等协商原则下,筹资、经营管理能力强的私人部门通过竞争脱颖而出与政府进行合作,从而参与建设以及提供公共产品、服务。PPP 模式与 BOT 模式的区别在于政府以及私人部门参与深度不同。相较于 BOT 模式,PPP 模式下的企业参与前期项目的程度更深,如项目的立项、科研阶段;政府参与中后期项目的程度更深,如项目的建设、运营以及管理阶段,并且政府部门和私人部门都会全程参与到基础设施的项目建设中来,因此彼此之间的信息更对称,拥有的合作时间更长。

如今,PPP模式因其独有的特点广泛地运用在各大水利工程项目中。2018年4月,中国三峡集团与湖北神农架林区人民政府合作实施的共抓长江大保护神农架南河流域生态治理PPP项目正式签署。这一项目是湖北省长江大保护的重点项目,双方通过签署神农架保护升级、绿色崛起战略合作框架协议,共同组建了水务环保平台公司,旨在促进生态屏障区环境建设和功能发挥,保护淡水资源库,提高群众饮水安全保障、优化水资源配置。

(2) 长江大保护中重大水利工程建设融资方式的弊端

① EPC模式的弊端。

在EPC模式中,业主一般通过与工程总承包商签订的EPC合同来监管承包商的工程实施过程,自身的参与程度较低,对整个过程的控制能力较弱;业主通过签订合同将项目的建设风险转移给了承包商,承包商的管理和财务问题都会给项目带来巨大风险,因此从风险管控的角度来说,对于承包商的选择需要尤为慎重;承包商在整个项目建设的过程中往往担负着重大的责任,因此在签订承包合同时,承包商会考虑管理投入成本、利润和风险等因素,所以EPC合同的工程造价水平一般偏高。

② BOT模式的弊端。

BOT模式的一个特点就是以政府和私人机构之间的协议为前提,但公共部门和私营部门往往需要长期的了解和磋商,导致合同文件繁杂,投标费用过高。BOT模式的融资成本也较高,BOT项目主要为大型的基础设施项目,造价规模大,建设周期长,需要通过银行贷款或发行债券的方式取得大部分资金,融资成本高,同时投资方和贷款人都面临着较大的风险。此外,政府在建设期内会向私人机构颁布特许,同意其进行资金筹集与项目管理工作,由此可能带来政府在特许期内项目的控制力和影响力会相应减弱。

③ BT模式的弊端。

随着我国工程建设领域投融资体制的改革,BT模式频繁地被用于重大工程的建设。尽管如此,BT模式自20世纪80年代才逐渐在国际上兴起,到了20世纪90年代才在我国广东率先引入,总体上还属于新生事物,至今国际上还未形成适用于BT模式的通用合同文本,我国也同样缺乏相应法律法规的规范,BT模式在工程建设中的适用性和合法性难以保证。

BT模式主要是通过项目公司总承包来进行融资,此时投资的承包人既是投资方又是承包方,承包人的法律地位难以确定且对其的融资能力和管理能力要求较高,同时在这种情况下,BT项目的建设标准、建设内容等缺乏应有的政府监督,工程的建设质量也难以保证。

综合而言,BT模式的过渡期较长,缺乏完善的偿债机制和信用机制,面临着政策风险、汇率风险、自然风险、质量风险等众多风险的威胁,许多金融机构也曾因BT项目的承包方无力偿还贷款而出现大量的坏账。

④ PPP模式的弊端。

目前,虽然PPP模式有着利益共享、风险共担等优点,但PPP模式在国内仍处于推广期间,我国多地地方政府都曾大面积地叫停各类PPP项目,暴露出PPP模式还存在一定的问题。

对于公共部门而言,第一,政府部门在运用PPP模式时会受传统管理方法的影响,在选择项目时仅仅只看重PPP模式的融资能力,引入社会资本之后没有及时地跟进相应管理能力的提高,并没有从本质上改善公共产品和公共服务的供给效率,出现了"重融资、轻管理"的问题;第二,由于PPP模式操作较为复杂、项目周期较长、项目成本较高,许多地方政府的推进过程都比较缓慢,加之地方政府换届频繁,项目在实际运作过程中反而会适得其反,导致公共利益受损;第三,PPP模式虽然使得更多的社会资本融资涌入了项目中,但由于私营部门也需要获得合理的投资收益,公共服务的直接使用成本可能会因此而升高,政府部门进行基础设施建设的最初目标难以保证。

对于私营部门而言,第一,想要通过PPP模式与政府部门展开合作并获得可观收益的前提是要有进入相应市场的途径和资质,但基于我国的国情,政府长期以来在基础设施建设方面建设主导地位,私营部门进入门槛较高,社会资本很难投入到重大项目中去。第二,能否盈利是私营部门的首要考虑。然而,多数的PPP项目都有着公益性较强、投资期较长、收益率较低的特点,且需要和政府部门展开通力合作,这类项目对于私营部门和社会资本的吸引力不大。一方面,这会使得项目总体的交易结构更为复杂,导致沟通不畅、效率低下等潜在的问题;另一方面,政府主导的一些工程项目收益率较低,吸引社会资本主要是为了化解政府的债务风险,从资本逐利的角度考虑,私营部门一般不会投资该类企业。第三,政府部门存在违约行为。PPP模式下,政府仍占有主导地位,存在一定的行政干预,私营部门一般不能实现自主经营,无法真正地参与项目的全过程。

2.4 本章小结

本章首先介绍了长江大保护国家战略的重要意义,以及开展长江大保护工作的重要作用及重点领域;其次,基于长江大保护中流域重大水利工程建设基本情况,总结其发展现状与建设特点;最后,提出了长江大保护面临的协同治理机制不健全、风险管理不完善、融资决策困难等突出问题,并着重分析了长江大保护中重大水利工程现有融资方式的弊端。

第三章 长江大保护中重大水利工程 PPP 项目风险因素分析

3.1 PPP 模式理论分析

3.1.1 PPP 模式的特征与本质

(1) PPP 模式的特征

PPP 模式作为一种新型的项目融资模式,主要是以项目为主体的融资活动,通常情况下是由社会资本对基础设施进行设计、建设、运营和维护等工作,并以"使用者付费"、"部分可行性缺口政府补助"和"政府直接付费"来作为合理的投资回报;政府部门主要对项目的产品公共基础设施和公共服务进行价格与质量的监管,最终使公共利益达到最大化。PPP 模式具备如下三个特征:

① 长期稳定的合作关系。

PPP 模式下,建立长期稳定的合作伙伴关系是 PPP 项目参与各方达成合作的根本前提。政府部门一般考虑的是 PPP 项目中的私营部门是否能够实现长期性的承诺,是否能够就与政府部门达成的共同目标推动项目的长期稳定运行;而私营部门一般考虑的则是PPP项目的项目开发成本,主要包括全生命周期成本与融资成本等各种长期总成本;同时由于项目风险对项目的成败有着重大的影响,所以私营部门一般都十分关注项目开发周期内可能存在的各种风险点及其发生的可能性。为了实现政府部门与私营部门的目标一致性、满足参与各方的合理诉求,政府部门与私营部门通过签订特许合同,明确双方的权利与义务,从而保证公私双方存在长期稳定的合作伙伴关系,获取可持续的竞争优势。

② 公私双方利益共享。

PPP模式下,政府部门和私营部门作为特许合同的缔约主体,其主要权利就是获得项目收益。公私合作项目多为公共基础设施和社会公共服务的建设,具有较强的公益性,产品和服务的质量需要符合社会公众利益,主要可以满足政府部门所期望的收益;同时,为了充分利用社会资本,鼓励更多的私营部门进行合作,项目需要保证私营部门获得合理稳定的投资回报,满足私营部门的收益诉求。项目特许合同的签订可以使得双方达成一个公平、合理的利益共享机制,最终保持长期稳定的合作关系。

③ 公私双方风险共担。

PPP模式下,保持长期稳定的合作关系需要公私双方相应地承担一定的项目风险。传统的合作项目中,公私双方通常追求自我的风险最小化。而在PPP模式下,公私双方需要共同考虑如何将双方风险最小化,双方可以考虑发挥自己的比较优势,在擅长的方面承担较多的风险,从而获得最佳的风险分担方案和风险应对方案,使得两者的合作达到"一加一大于二"的效果。

(2) PPP模式的本质

PPP模式的本质是政府为了资源的合理有效配置以及社会福利最大化从而与私人组织建立合作关系。PPP模式的本质包含三层含义。首先,PPP模式是一种公共部门与私人之间通过签订协议实现风险分担与利益共享的合作。其次,PPP模式的实施是为了更好地提供公共产品和服务。最后,PPP模式可以实现公共部门与私人部门的资源优势互补,政府的优势在于资源协调配置能力强,私人部门的优势在于其经营、建设等微观优势。公共部门与私人部门之间的合作可以吸引私人部门参与公共基础设施建设,发挥双方的优势,达到效益的效益最大化。

3.1.2　PPP 模式理论基础

（1）公共产品理论

纯公共产品是指一个人消费这种产品并不会使得其他人对这种产品的消费减少。公共产品相对立于私人产品，具有非排他性、消费的非竞争性、效用的不可分割性等特点。而对于私人产品而言，由于其产品的所有权是私人的，并不是每个人都可以享受其带来的效益，它具有排他性、竞争性等特点。公共产品分为纯公共产品和准公共产品。由纯公共产品的特点可见，只有国防等涉及国家安全的特殊公共产品才能定义为纯公共产品。而准公共产品包含了公共产品和私人产品的特征，其非排他性和非竞争性有限。从公共产品理论可见，准公共产品的建设非常适合 PPP 模式，政府通过于私人部门签订协议建立合作关系，确定风险分配原则。

（2）资本价值理论

资本价值理论是价值理论中的重要概念。在项目全寿命周期中，政府部门和私营合作部门一起参与风险分担，力争以最小的投入来实现资金在项目产品中的最大价值。也即双方通过降低相关成本支出，从产品与服务中获得更大收益。政府部门可以设计相关激励政策，奖励私营合作部门，促使私营合作部门采取不断改进设计方案、使用创新科技等措施来降低成本，不仅可以增强双方的合作关系，而且可以将收益最大化并有效降低项目的相关风险。目前，国际常见的资金价值理论评估方法主要包括了公共部门参照标准法与成本效益分析法。公共部门参照标准法是从项目全寿命周期成本与政府提供的标杆成本比较入手，如果总成本小于标杆成本，则物有所值，被认为拟建项目预期可以获得较好的资金价值；反之，若总成本大于标杆成本，则被认为拟建项目不适合参与 PPP 模式。成本效益分析法是从所有备选方案的成本与收益比较入手，通过计算每个方案的净现值，以此在投资决策上寻求以最小的成本获得最大收益的途径。

（3）公平理论

公平理论是一种研究人的动机与知觉联系的激励理论。公平理论可以影响企业员工的积极性，这种积极性的高低程度在于员工将自己的投入与收入的比例与其他人进行对比最后得出的主观比较感觉。正是因为在生活工作中，多数人都会比较别人得到的报酬与自己的工作报酬，通过比较来衡量是否存在着不公平现象，如果存在不公平则会极大影响员工的工作行为和态度。因此员工在日常工作中所获得的劳动报酬以及其分配的比例对员工工作积极性的影响很大。由公平理论可见，人的工作积极性的激发很大程度上是通过人们之间的主观比较从而得出是否公平的评判。在PPP模式项目中，参与主体的成本与收益分摊可以以各自所做出的贡献多少作为标准，贡献越多，所需要分担的风险越小，获得的收益越大。

（4）代理理论

代理理论主要表述的是一种契约关系。当面临信息不对称和利益冲突问题时，委托人为了更好地激励代理人，调动代理人的积极性，会想办法设计出一套最优的契约。代理契约关系便是指在有效的市场环境条件下，委托人和代理人均不可以为了自身的利益而损害对方的利益。如果某一方因为自己而做出损害对方利益的行为，则他将会受到惩罚。PPP模式改变了传统的委托代理关系，这种新变化体现在公共部门与私人部门之间通过建立契约关系，签订合同、相互合作、授权管理，这便出现了新的委托代理关系；并且群众作为利益相关方、公共部门作为采购方，他们之间也会产生一种代理关系。在PPP模式下，运用代理理论方法可以帮助政府选择高质量高信用的社会资本方作为代理人，从而建立一个公平的平台，推动项目的建设。

3.1.3　PPP项目合作模式与优势

（1）PPP项目合作模式

适宜采用PPP模式的项目主要是那些有着较大投资规模、需求长期稳定、价格调节机制灵活、并可市场化的公共基础设施与大型服务类项目。PPP项目政府和社会资本合作的一般模式如图3-1所示。

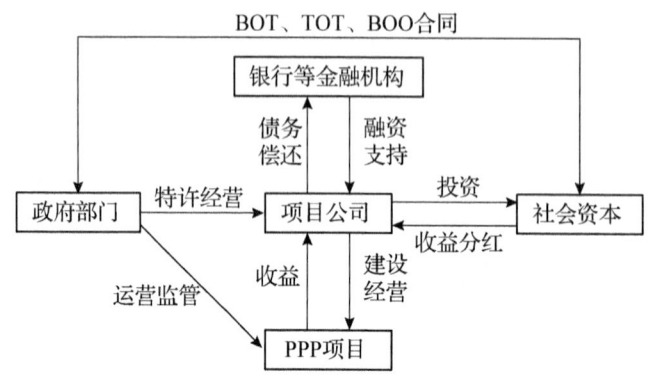

图 3-1 PPP 项目公私双方合作的一般模式

① BOT、TOT、BOO 等合同的签订。

在正式展开项目合作之前,政府部门与私营部门需要签订特许合同,对双方的权利与义务进行明确的规定。PPP 项目中常用的特许经营模式主要包括 BOT(建设—经营—转让)、TOT(转让—经营—转让)和 BOO(建设—拥有—经营)模式。其中,最早用于基础设施和公共事业的是 BOT 模式,TOT 模式与 BOO 模式都属于不同适用条件下 BOT 模式的变种。这些模式共同的基本特点是需要政府部门授予项目的特许经营权,这也是政府部门与私营部门展开进一步合作的重要前提。

② 项目公司的成立。

根据上述 PPP 项目中相关的特许经营合同,政府部门与私营部门合作成立项目公司,公司在项目开发运营的过程中履行业主的职责,主要包括对 PPP 项目整体的设计、决策、融资、建造、运营工作。项目公司充当了 PPP 项目中众多参与方之间的桥梁,可以集中各参与方的资源与能力,并进行整合,在解决项目自身需求的同时考虑各方诉求,最终有助于与各参与方之间保持长期稳定的合作关系,共同推进项目进展。

③ 金融机构的融资支持。

政府部门与私营部门合作的过程中,财政资金与社会资本更加充分地融合,为 PPP 项目注入了更多的资金。但是 PPP 项目的投资规模较大,除了政府部门的财政支持和私营机构的投资资金,还有很大一部分资金需要向金融机构贷款。银行等金融机构会对PPP项目的经济绩效进行评估预判,据此对项目公司提供一定的融资支持。

④ 项目运营的监管。

项目公司在不同的特许经营模式下进行运营,最终建成PPP项目。此时,作为项目的发起人和主办方,政府部门需要对该项目的运营状况进行监督管理,保证项目充分发挥建设用途,满足社会公众需要,而运营过程中的项目收益则归属于项目公司所有。

(2) PPP模式的应用优势

① 优化资源配置。

首先,政府通过竞争性选择私人部门作为合作对象,可以为项目的实施提供激励作用,提高私人部门对过程建设的积极性。其次,政府部门可以借助私人部门的优势,通过私人部门的专业技术和创新能力来为公共产品的产出提供更好的质量保证,提高生产效率、提供更优质的服务。除此以外,项目建设的风险可以分担出去,政府部门可以将一些风险转给可以更好地应对此类风险的私营企业。最后,PPP模式可以促使政府和私人部门慎重考虑彼此所面临的风险以及成本问题,实现产品效益最大化。

② 减轻政府财政支出压力。

因为基础设施建设规模大、资金投入多、建设周期长,政府一般都没有足够的资金提供支持,因此需要实施PPP模式来扩大融资渠道,通过吸引社会资本,与私人部门合作进行多元化投资来解决基础设施建设中的资金问题,可以有效缓解政府的财政支出压力。

③ 控制项目建设运营的成本。

政府之所以与私人部门合作,是因为私人部门可以凭借其经营优势达到利益最大化,降低项目经营成本。PPP模式充分激发了私人部门参与公共项目建设的积极性,私人部门通过充足的资金、先进的设备、科学的经营管理模式等,使得公共项目建设效率提高,控制成本,达到利润最大化。

3.2 长江大保护中重大水利工程 PPP 项目的运用

3.2.1 长江大保护中重大水利工程引入 PPP 模式的动因分析

(1) 长江大保护中水利工程投融资现状

水利作为我国基础设施建设的重要组成部分,支撑着经济社会的发展、农业现代化的建设和生态环境的改善,因此水利工程是我国社会和经济发展的重要基础设施。长江是我国第一大河流,长江流域重大水利工程建设更是长江大保护的重要组成部分。

长江经济带发展已经上升为国家重要战略,长江经济带包含9省2市,对于促进长江流域经济发展、城镇化布局以及与其他区域的协调发展具有重要作用。2016年1月,国家主席习近平同志提出长江流域是我国的重要发展区域,但是该流域的发展却存在一些问题,如水土流失面积不断增加,水利工程投资力度不高,水利投融资效率偏低等。水利工程发展总体滞后于长江流域的经济发展,在某种程度上限制了该区域的发展。

虽然长江大保护中水利建设投入资金逐年递增,但是水利投融资体制依旧存在很多亟待处理的难题,主要包括中央财政投入水利建设的资金不足、地方用于水利建设的资金难以及时到位、未充分发挥金融平台的有效作用等,面临极大的融资需求。

(2) 长江大保护中重大水利工程建设的融资需求

① 项目功能广泛。

水是一个国家或者区域经济发展的基础。长江作为中国第一大河流,对于中国或者是长江流域的经济发展具有重要作用。长江流域涉及19个省、自治区及直辖市,在其流经过程中,经过了104个城市,其中包括特大型城市15个,中等城市89个,流域内总人口约5亿人,是中国重要发展区域。

长江大保护中重大水利工程项目的主要作用在于解决流域内三大棘手问题,即水利用、水安全和水污染问题。修建重大水利工程通常是解决以上问题的有力措施。第一,重大水利工程有利于建立高效的水资源配置体系,优化水利用效率；第二，重大水利工程项目可以提升蓄洪能力，加强防洪减灾体系建设，提高风险管理能力，以此来应对时常发生的洪涝等自然灾害；第三，在相关部门的积极配合下，重大水利工程项目在一定程度上可以减少水污染。因此，长江大保护中重大水利工程项目一般要满足防洪、供水、生态治理等各方面的功能需求。

② 资金需求量大。

多重的功能需求通常意味着项目整体需具备一定的资金体量。重大水利工程项目的主要责任体是中央政府和各地方政府。一般而言，地方政府用于公益性基础设施的支出通常来源于地方一般公共预算中的城市建设维护费和资源税、环境保护税和中央专项转移支付。随着长江大保护国家战略的逐步落实，地方政府承担的环保支出压力不断攀升，仅仅依靠地方财政预算拨款已经远远不能供给重大水利工程的项目支出了。重大水利工程项目的建设中毋庸置疑涌现了更多融资需求点，需要地方政府转变传统的融资思路，充分地利用好新型的融资平台，积极地开拓和采用多元化的融资渠道与融资模式。

(3) 长江大保护中重大水利工程引入 PPP 模式的优势

① 吸收民间资本，缓解财政压力。

最近几年长江流域地方政府的债务规模逐年增加，地方政府面临较大的财政压力，对民间资本的需求越来越大。在 PPP 模式下，民间资本主要负责长江大保护重大水利工程项目的前期筹集资金、施工与后期运维，经营截止后，政府部门可以出资购买由民间资本开发成功的项目。PPP 存在三种付费模式，分别是政府付费模式、可行性缺口补贴模式和使用者付费模式。PPP 模式下的这三种付费方式都可以在一定程度上减轻长江大保护中政府部门的财政压力。因此，社会资本的加入一方面能够增加项目的资本总数，实施原本资金不足的项目，缓解政府的财政压力，另一方面可以有效提高社会资本利用率，减轻资产负债率。

② 改变投资方式，提升财政资金利用率。

长江大保护重大水利工程项目具有规模较大、投资多、建设年限长、公益性强的特性，仅仅依赖以往投融资模式无法确保该区域水利工程项目的建设实施。政府部门为了缓解财政压力，就必须充分利用好社会资本，多方面融资，全面刺激市场积极性，有效增长水利事业投资。《关于鼓励和引导社会资本参与重大水利工程建设运营的实施意见》的提出，加快了 PPP 模式运用到水利工程建设的进程。PPP模式有效利用了市场竞争机制，建立健全水利投入资金多渠道筹借机制，鼓励和引导社会资本参与工程的建设与运营，从而扩大财政资金的效能。另外，市场竞争机制的杠杆原理能够使得财政资金的使用率得到有效提高。

③ 发挥市场作用，加快转变政府职能。

长江大保护重大水利工程项目中公共物品的特性使得政府在水利工程的建设管理经营中一直处于主导地位，这种传统模式下产生了诸如贪污腐败、效率低下、亏损严重、铺张浪费以及风险巨大等问题。因此当地政府部门在PPP模式中必须放弃传统的主导地位，才能吸引更多的社会资本参与水利基础设施的建设开发。

加快转变政府职能，有效发挥市场分配资源的作用，采取保障社会资本合法权益、完善项目财政补贴管理、合理确定项目参与方式等手段，鼓励民间资本积极参与长江大保护重大水利工程PPP项目。对于新建项目，引导民间资本以不同方式参与到长江大保护重大水利工程PPP项目中；对于收益较少的重大水利工程建设项目，可以通过实行税收优惠、完善价格形成机制等方式保障社会资本的合法权益，吸引更多社会资本的参与。

④ 借鉴先进经验，提升公共供给效率。

与其他合作模式相比，PPP模式下的社会资本在长江大保护重大水利工程项目建设的前期就已经介入，若政府部门和私营机构在项目前期论证过程中便能一起商讨水利项目建设期间需采纳的设计方案和项目生命周期中的风险分担等关键点，那么将便于吸纳民间资本的最新技能和成熟的管理水平，可以采用市场最新的施工工艺和技术，对长江大保护重大水利工程项目的整体成本加以控制，缩短项目的建设周期。公共部门和私营机构一起分担水利工程PPP项目中的政策风险、商业风险、环境风险、法律风险等。社会资本作为水利工程项目的投资经营主体，其营利性的法人属性使其具有明确的投资目标，并为了提高水利工程的项目收益在可操作空间里减少项目的成本。当然，社会资本也会在政府部门的管理约束下严格保证水利工程建设项目的质量水平，较好地保证了用户的权益。此外，PPP模式倡导和激励民间资金投入水利工程PPP项目中去，市场竞争机制也将迫使水利行业建设项目生命周期建造及运营成本、提升民间资金使用率。

3.2.2　长江大保护中重大水利工程 PPP 项目运行流程

在长江大保护中，那些有着较大投资规模、需求长期稳定、价格调节机制灵活、并可市场化的公共基础设施与大型服务类项目，比较适宜采用 PPP 模式。目前，国家正在积极推进长江流域大规模的水利建设，仅仅依靠政府的财政投入，是难以达到水利建设资金的需求，此外水利行业的运行管理水平普遍较低，只有引进社会资本，才能更好地解决上述问题。水利工程本身就具有稳定可靠的社会需求，如若加大政府的扶持力度且工程的收益水平可观，那么社会资本将会投入更多到长江大保护水利建设的工作中。

长江大保护重大水利工程 PPP 项目按照全生命周期大致可以分为前期分析、确定 SPC、签订特许协议、项目建设、项目运营和项目移交六个阶段，如图 3-2 所示；长江大保护重大水利工程 PPP 项目各阶段政府部门与私人企业的职责分工如图 3-3 所示。

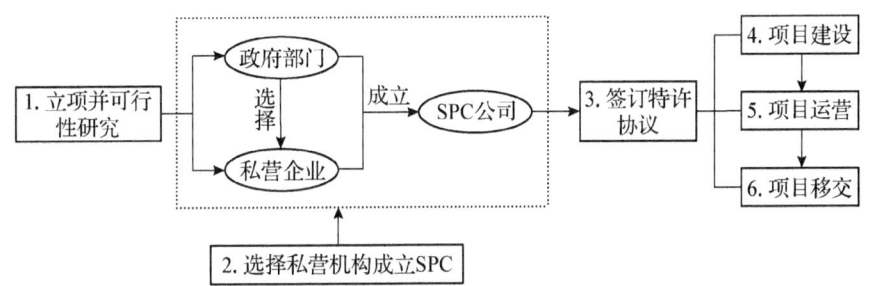

图 3-2　长江大保护中重大水利工程 PPP 项目运作流程

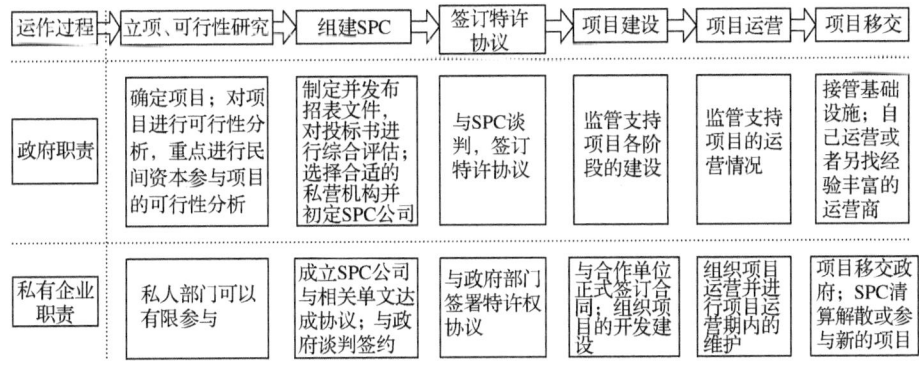

图 3-3　长江大保护中重大水利工程 PPP 项目运作过程中各部门职责

(1) 前期分析

长江大保护中重大水利工程PPP项目的前期分析是以政府部门为主导，依照长江流域水利建设的发展需求提出水利工程建设项目，然后分析论证项目的可行性，并将其作为项目决策的重要依据。长江大保护重大水利工程PPP项目的可行性研究内容既要包含对项目市场、技术、经济等方面的评价，又要评估项目引进私人资本的可行性，包括对私人资本的吸引力、实力和其承受风险的能力等方面做出综合评估。等到确认项目可行后，政府部门着手准备组织水利工程PPP项目的招标工作。

(2) 组建SPC

确立SPC是长江大保护重大水利工程PPP项目运作程序中比较重要的一个环节。政府部门普遍通过招标手段引入竞争机制，选取综合实力相对优秀的私人投资机构成立水利工程PPP项目公司，包括长江大保护重大水利工程PPP项目的招标、投标、评标、定标、谈判与成立项目公司。

(3) 签订特许协议

政府部门与私人企业就长江大保护重大水利工程PPP项目进行谈判，待公私双方意见一致后签订PPP项目特许协议。

(4) 长江大保护重大水利工程PPP项目建设

长江大保护重大水利工程PPP项目于正式开工报告批准后进入建设施工阶段。PPP项目公司依据特许协议，按照技术参数、进度安排与质量管控方面的要求，全面负责PPP项目的设计、施工等相关工作，同时也要保证私人投资机构按原计划对PPP项目投入资金。

(5) 长江大保护重大水利工程PPP项目运营

长江大保护中重大水利工程PPP项目结束建设阶段，并通过竣工验收后，将正式进入项目运营阶段。项目的运营可以交于项目公司，也可以交于专业运营公司。

(6) 长江大保护重大水利工程PPP项目移交

特许经营日期结束后，长江大保护重大水利工程PPP项目公司需将项目移交给政府，并严格按照特许协议中规定的质量标准和项目资产完好程度。项目移交主要包括资产评估、利润分红、债务清偿、纠纷仲裁等方面。

3.2.3 长江大保护中重大水利工程PPP项目的融资特点

（1）专业性强，施工要求高

长江大保护重大水利工程项目的施工单位具备扎实的专业技能资质，需要地基与基础工程、电气设备安装、复式断面、旱碱涝综合治理和预应力锚索加固机理等相关专业的高水平技术人才，否则将可能遭遇严重的质量和技术风险。

同时长江大保护重大水利工程PPP项目对水工建筑物的诸多性能有着特殊要求，如承压、抗冲磨蚀、抗裂、抗震、排水等性能；项目施工处的地基标准比其他工程严格，要采取专门的地基处理措施；有些工程还需要实行温度控制措施，最大限度降低受气候影响；施工地点多位于河道、沿海、湖泊及水库等水域地带，需要依据水流的自然条件和水利工程建设标准进行施工导流、截断原河床水流、水下安装与焊接等高难度作业。如此高标准的施工要求决定了长江大保护重大水利工程PPP项目将直面非常大的施工安全与质量风险。

（2）移民安置难度大

解决好因长江大保护重大水利工程项目建设而产生的移民问题是一项复杂烦琐的系统工程，涉及方方面面，具备很强的政策性，是水利工程项目建设的重要组成部分。长江大保护重大水利工程项目的大力开展，随之带来的是移民安置投资占总投资的比重不断增大，其难度也日益加大，维护水库区和谐发展的任务变得更加艰巨。

（3）公益性强，投资回报期较长

多数水利工程项目是灌溉、蓄水、水土保持和减少洪涝灾害等公益性项目，这些水利工程项目很多并没有具体的收费管理体系、没有现金流，有些项目即使有这些机制，但是依旧很难回本，所以长江大保护重大水利工程项目投资回报期很长，很有可能会遭遇一定的建设风险与运营风险。

(4) 监管难度大,寻租现象频繁

水利工程涉及范围比较广,人员的流动很快,就横向角度而言,工程较多,长江大保护重大水利工程项目监管难易程度则是越来越大;从该区域水利工程PPP项目前期招投标至后期建设运维纵向角度而言,则对水利工程的监管过程耗时较多。出于利益的目的,常常会发生寻租现象。

(5) 风险发生频次较多

市场价格处于不断变动之中,然而固定总价合同是很多业主或总承包商的选择,由于长江大保护重大水利工程PPP项目施工时间较长,蕴含很多无法预测的风险,所以经常会出现经济风险、质量风险、市场预期风险等。

3.3 长江大保护中重大水利工程PPP项目风险因素识别

3.3.1 重大水利工程PPP项目风险形成机理

(1) 重大水利工程PPP项目风险形成原因

重大水利工程PPP项目风险形成的原因较为复杂,不但包括了重大水利工程项目自身的复杂性,还包括了公私双方地位的不对等性以及公私双方信息的不对称性等因素。

① 项目本身的复杂性。

第一,项目实施具有多属性的目标,项目自身的需求目标越复杂,项目的参与主体便越多,从而产生更多的风险源。第二,项目周期具有长期性,重大水利工程PPP项目周期约为十至三十年,在如此长的生命周期下,该项目所处的自然环境、经济环境、社会环境等都可能会发生较大变动,宏观层面的风险增加,并且在此期间可能会遇到自然灾害等不可预计风险,这对项目本身来说就是很大的挑战。第三,大多数重大水利工程PPP项目都存在着经营性差、收益有限、投资回报周期长、公益性强的特点,因此需要对前期项目评估、企业的准入条件、项目回报机制、项目产出的绩效评价制定较高的条件要求,因为稍有失误便会导致项目建设中一系列风险的发生。因此为了开展全面的风险管理,需要深入研究分析重大水利工程PPP项目的特性。

② 公私地位的不对等性。

目前,政府的职能改革还没有完全完成,未能彻底解决政府的职能错位、越位问题。名义上,尽管在平等的原则下公共部门与私人部门形成了合作关系,但实际上,在项目实施过程中政府的表现相对于私人部门来说更为强势,尤其是一些政府的官员一方面要求企业需要承担社会责任义务,另一方面却忽略私人部门获得合理收益的权利,这种公私地位不对等的行为会使一些外部效应明显、公益性强的项目难以吸引到社会资本参与进来,并且这种不平等会使地方政府的信用风险增强。例如,地方政府在没有正确认识重大水利工程项目性质的情形下,为了让私人部门分担更多风险,便对私人部门提出较高的回报或较长的经营期限的许诺,后期政府部门凭借其较高的地位不履行所许诺的义务或对合同义务进行打折履行,直接损害了私人部门的利益。另外,公众是项目利益相关者,在PPP项目的各个阶段常处于缺位状态,忽视了公众的地位和利益诉求。重大水利工程PPP项目在建设过程中可能会因为征地拆迁以及补偿标准不适当、价格过高、生态环境和生活环境遭到破坏等引起社会稳定风险的产生,严重时将会因为问题处理不及时或不恰当而变为威胁社会健康发展的公共危机。公共部门、私人部门和公众三方不平等的地位将导致矛盾产生,这是PPP模式运行的主要障碍以及项目风险产生的原因之一。

③ 公私信息的不对称性。

公共部门与私人部门存在着信息不对称性问题,这也是重大水利工程PPP项目风险产生的原因。因为重大水利工程项目参与主体具有复杂性,参与主体所掌握的信息不相同,在项目合作与交易过程中一些参与方可能比其他参与方获得更多信息,从而出现信息不对称现象,在PPP项目合同签订之前或者之后可能会引发"道德风险"和"逆向选择"。信息不对称问题将严重影响到项目相关参与主体间的信任与合作,降低合同的签订成功率和项目建设运营的效率。在重大水利工程项目融资和实施阶段,政府具有信息优势,也许会做出一些违约行为,如支付拖欠、单方调整协议,从而产生道德风险。而在项目的运营和交接阶段,私人部门对项目建设和运营情况比政府部门更加熟悉和了解,私人部门可能在政府对项目验收的标准还未了解的情况下,通过谎报修改项目盈利情况将存在问题的项目直接交接给政府部门。由此可见,由于信息不对称导致项目的参与主体凭借自身的信息优势来获取各自的利益,从而产生了逆向选择和道德风险问题,扩大 PPP 项目合作失败的风险。

(2) 长江大保护中重大水利工程 PPP 项目风险形成机理

由于重大水利工程项目存在复杂性、公共部门与私人部门之间信息不对称以及地位不平等问题,导致项目风险经常发生。在长江大保护重大水利工程 PPP 项目中,风险主要由内外部风险因素、风险事件和成本、工期、质量等风险后果三个元素组成,三者之间紧密相关:长江大保护重大水利工程 PPP 项目内外部风险因素使得风险事件发生,而风险事件在某种程度上会对重大水利工程 PPP 项目的最终收益产生影响,从而导致风险后果。内外部风险因素是使得重大水利工程 PPP 项目遭受损失的间接因素,而风险事件却是直接原因。长江大保护重大水利工程 PPP 项目风险发生的不确定性、风险事件和风险后果的不可预测性将会致使重大水利工程 PPP 项目风险的发生。长江大保护重大水利工程 PPP 项目风险形成机理如图 3-4 所示,即按照"风险因素→风险事件→风险后果"的规律,其中重大水利工程 PPP 项目风险因素的来源主要是该项目内部和外部,内部原因即项目自身特殊的属性,如对地基要求较为严格、安置好移民居住问题、在建设施工过程中受地形地貌影响较大等,外部原因则来源于国家对水利工程建设政策的稳定性等。

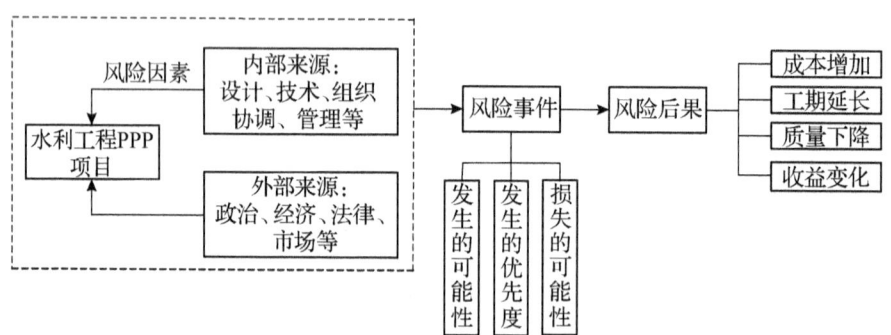

图 3-4 长江大保护中重大水利工程 PPP 项目风险形成机理

3.3.2 基于 WBS-RBS 法的重大水利工程 PPP 项目风险因素识别

为确保可以全面地、准确地、系统地将长江大保护重大水利工程 PPP 项目中存在的风险因素全部识别出来，需足够详细地划分风险，可以选取 WBS-RBS 法从项目的进程和项目的参与方这两个方面对风险进行识别。

(1) WBS-RBS 方法

WBS 为项目的工作分解，将项目中的工作依据合理需要和正确原理划分为比较小、互相联系与影响的独立单元。WBS 能够将项目内的工作要素全部列出，便于高效控制水利工程 PPP 项目的所有费用、工作进度及工期的目标，既是整个长江大保护重大水利工程 PPP 项目管理的关键，也是整个 PPP 项目管理的重点。RBS 为风险因素的分解，将长江大保护重大水利工程 PPP 工程项目中的风险因素分解至基本风险因素。

在运用 WBS-RBS 法的时候，首先根据风险管理要求对风险识别的对象与范围进行明确，进而辨识风险；其次分解项目和细化项目风险，直至分解细化到最佳风险识别单元；最后依照分解结果构建风险识别矩阵。WBS-RBS 法与其他识别方法相比，可以更加细化风险识别的过程，并且更加直观，能够全面系统地将各种风险源识别出来，提高了识别结果的准确率。综上所述，本文将采用 WBS-RBS 法并与文献研究相结合，对 PPP 模式下我国长江大保护重大水利工程建设中可能出现的风险因素进行识别。

(2) 基于 WBS-RBS 法识别水利工程 PPP 项目风险的过程

WBS-RBS 法对水利工程 PPP 项目的风险识别可以分成三个阶段：

① 项目工作分解——WBS。

将水利工程 PPP 项目分成四阶段：

第一，准备阶段：由长江大保护重大水利工程 PPP 项目决策和工程招投标两部分组成。

第二，融资阶段：制定融资决策和设计融资结构，确定放贷方并签订融资协议书。

第三，建设阶段：施工准备，开始施工，工程竣工并验收完毕。

第四，运营和移交阶段：根据与政府部门签署的特许权协议，私营机构在协议期限内，经营已经建立成功的水利工程项目；经营期结束后，私营机构按照协议规定将水利工程项目的所有权转接给政府部门。

长江大保护重大水利工程 PPP 项目的特点是规模庞大、参与方较多、合同年限长，而实际水利工程的项目工作有着较为复杂的分解结构，本论文目的是对长江大保护重大水利工程 PPP 项目在不同阶段的风险因素进行识别，所以不会把 PPP 项目分解为工作包。对水利工程 PPP 项目作工作分解，上层按照重大水利工程 PPP 项目的阶段分解；底层则按照项目或者任务的功能作分解，如图 3-5 所示。

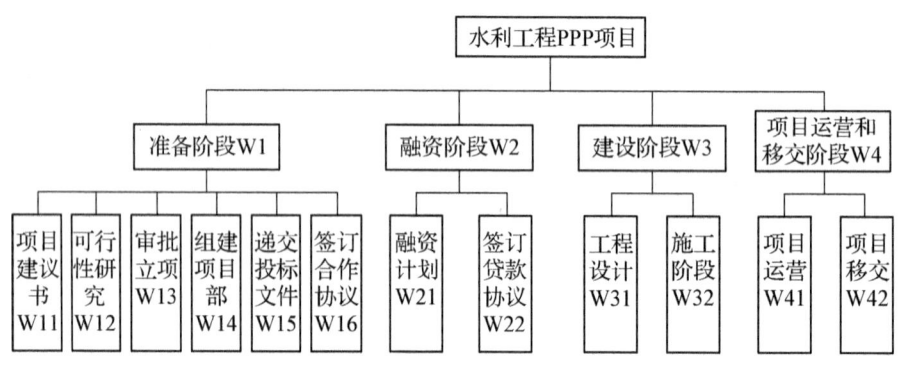

图 3-5　长江大保护重大水利工程 PPP 项目任务分解图（WBS）

② 项目风险分解——RBS。

与一般水利工程项目相比较，长江大保护重大水利工程 PPP 项目投资额巨大，建设周期较长，并且涉及政府部门、民营企业、银行金融机构、工程咨询公司、保险公司、施工承包商、设备材料供应商及项目产品购买者等很多当事人，参与各方间合同关系较为复杂，重大水利工程 PPP 项目的风险因素比普通工程项目也要多。因此对风险的分类方法也是不胜枚举，通过搜集、阅读大量文献资料能够发现较为常见的两种方法：一种是依据风险的表现形式把风险划分为政治、社会、金融、市场、决策、财务、安全及环境等风险；一种则是依据长江大保护重大水利工程 PPP 项目风险环境的不一样把风险分为宏观、中观及微观风险。结合以上方法，本文的风险分解如图 3-6 所示。

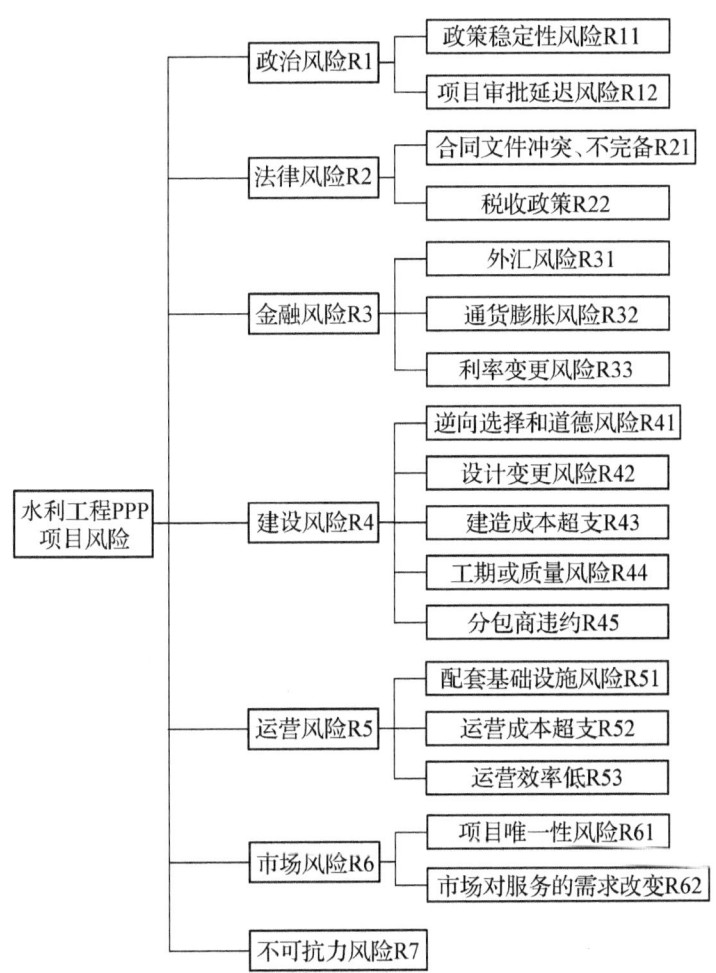

图 3-6 长江大保护重大水利工程 PPP 项目风险分解图

③ 水利工程 PPP 项目风险识别矩阵。

通过文献阅读和专家意见,并与 WBS 和 RBS 结构图相结合,构建长江大保护重大水利工程 PPP 项目的 WBS-RBS 风险识别矩阵,如表 3-1 所示。

表 3-1　WBS-RBS 风险识别矩阵

R \ W		W1			W2			W3		W4		
		W11	W12	W13	W14	W15	W16	W21	W22	W31	W32	W41	W42
R1	R11	√	√	√	√	√	√	√	√	√	√	√	√
	R12	√	√	√									
R2	R21	√	√	√	√	√	√	√	√	√	√	√	√
	R22	√	√	√	√	√	√	√	√	√	√	√	√
R3	R31					√	√	√	√	√	√	√	√
	R32							√	√	√	√	√	√
	R33							√	√	√	√	√	√
R4	R41									√	√	√	√
	R42							√	√				
	R43							√	√				
	R44							√	√				
	R45										√	√	
R5	R51											√	
	R52											√	
	R53											√	
R6	R61											√	
	R62											√	
R7	R7	√	√	√	√	√	√	√	√	√	√	√	√

(3) 水利工程 PPP 项目风险识别结果

基于上述识别风险的方法,本文将长江大保护重大水利工程 PPP 项目中可能会发生的风险划分为下面几项:

① 政治风险。

政治风险主要指长江大保护重大水利工程 PPP 项目因国家政治环境的变化而使得信用结构与偿债能力产生变化等方面的风险。具体包含国家、PPP 项目审批时间有所延误和国家政策的变化。政治风险始终存在于长江大保护重大水利工程 PPP 项目建设的整个周期内,并由政府部门来承担这类风险。

② 法律风险。

法律风险主要指因现有法律法规及国家政策的调整变化、合同协议内容有所冲突等引起的风险。具体包含法律法规变更、合同协议冲突、法律与监管体系尚未完善完备、税收政策发生变化等,这类风险普遍存在于长江大保护重大水利工程 PPP 项目的投资决策阶段。在重大水利工程 PPP 项目的建设过程中,政府部门会制度激励政策来吸引私营机构的参与,但是这些激励政策很有可能随着国家法律法规、政策及合同协议的变更而失去法律效力。因此,法律风险也应该由政府部门承担。

③ 金融风险。

金融风险主要指因融资方式的不同、利率汇率可变等因素引起的风险。具体包含：

第一,利率风险:利率风险即为因利率变动而使得成本增加或者利益受损的风险。这类风险一般会在长江大保护重大水利工程 PPP 项目的建设和运营的过程中发生,产生的后果会直接影响到私营机构的资金运转与投资回报。

第二,外汇风险:外汇风险即人民币兑换、汇率的浮动而引起的货币贬值等风险。

第三,通货膨胀风险:通货膨胀风险主要指因通货膨胀引起货币贬值和物价上涨,最后使得水利工程长江大保护重大水利工程 PPP 项目建设中投资成本有所增加或者设备材料价格上浮等风险。

金融风险始终存在于长江大保护重大水利工程 PPP 项目建设的整个周期中,私营机构无法左右,也难以预见,因而政府部门应与私营企业共同分担由于利率、汇率及通货膨胀等引起的金融风险。

④ 建设风险。

建设风险主要指从长江大保护重大水利工程 PPP 项目可研阶段开始并

持续到项目竣工验收,因前期决策、设计、建设以及完工等引发的漏洞,具体包含:

第一,逆向选择与道德风险。重大水利工程PPP项目有着公益性较强、投资回报周期长、施工工艺要求高、风险发生频率较高、难以监管及寻租空间大等特点,所以政府部门需要从资金情况、财务结构、技术工艺水平、社会信誉等方面综合考虑并选择投资方。然而公私双方之间存在着信息不对称的问题,政府部门对私营机构的具体状况并不是完全准确掌握,因此在重大水利工程PPP项目中较易出现逆向选择的问题。长江大保护重大水利工程PPP项目中的逆向选择会使招投标过程出现"优汰劣胜",有两点原因:一是公私双方之间存在着信息不对称,政府部门对私营机构的具体信息并不能完全准确掌握;二是长江大保护重大水利工程PPP项目中的特许期限、投资成本、预期收益以及准入条件设置不合理,会使不合要求的私营机构中标。

在长江大保护重大水利工程PPP项目中,作为广大用户代表的政府部门最关心的是项目的社会效益,而作为理性投资人的私营机构最关心的是项目的回报利润。出于私营机构单方利益考虑,其会采取降低施工质量、减少运营期投入资金等手段来降低项目成本、提高回报利润,道德风险由此产生。

第二,信用风险。信用风险主要指分包商违约和水利工程项目未达到指定的技术经济指标等风险。在长江大保护重大水利工程PPP项目建设中,政府部门需要考察私营机构是否具备资质和能力胜任此项目之后,再确定合适的私营机构作为合作伙伴。由此可见,长江大保护重大水利工程PPP项目中的信用风险一般会在项目的投资决策和招投标阶段发生,因此,信用风险由政府部门承担。

第三,完工风险。完工风险即为长江大保护重大水利工程PPP项目能否按时完工并运营使用的风险,主要包含项目建设延期和建设成本超支等风险。在重大水利工程PPP项目建设中,完工风险可能产生的不良影响有项目成本增加、资金周转困难、贷款利率上升以及整个项目失败等。一般情况下,完工风险容易在项目的开发阶段出现,因此政府部门和私营机构共同分担该风险。

第四,其他风险。其他风险包含了融资和设计变更等风险。该部分风险也可能会造成项目成本增加与资金筹措紧张等不良影响,一般会在项目投资前期和建设过程中出现,此风险也有政府部门和私营机构共同分担。

⑤ 运营风险。

运营风险主要指在项目的建设与运营阶段存在的建设运营维护、运营成本情况等风险。长江大保护重大水利工程PPP项目的运营风险与项目是否能够按预期顺利投入使用有着直接关系,具体包含运营效率较低、维护成本较高以及运营成本超出预支等风险。重大水利工程PPP项目的运营成败直接影响到项目后期发电、灌溉、防洪以及观光旅游等,运营风险一般发生在水利工程建成后的投入使用阶段,并由私营机构承担该风险。

⑥ 市场风险。

市场风险主要指在长江大保护重大水利工程PPP项目建设和运营过程中,因市场竞争、价格与需求的改变、政府对水利工程利润与收费价格的控制等,造成水利工程项目可能遭遇的风险。具体包含项目唯一性风险、收益不足、市场需求改变、租金难以收取、政府不支付费用、政府部门对于利润与收费价格的限制。市场风险往往存在于项目建设的整个周期内,并由政府部门与私营机构共同承担。

⑦ 不可抗力风险。

不可抗力风险即为重大水利工程PPP项目参与各方难以预料的风险,具体包含地震、洪涝以及台风等自然灾害和暴乱、战争等人为灾害。这类风险对整个长江大保护重大水利工程PPP项目的影响是无法估量的,甚至严重至整个项目的失败并且该类风险存在于项目建设的整个周期内。因此,不可抗力风险由政府部门和私营机构共同承担。

3.3.3 基于DEMATEL法的重大水利工程PPP项目关键风险因素界定

(1) 模型构建

基于DEMATEL方法的长江大保护重大水利工程PPP项目关键风险因素识别的步骤如下:

① 提取重大水利工程PPP项目风险影响因素,表3-1中的18个风险影响因素,将其记为$R_{ij}, i=1,2,\cdots,18, j=1,2,\cdots,18$。

② 确定长江大保护重大水利工程PPP项目风险影响因素之间的影响关系,以此构建初始化直接影响矩阵。通过对相关专家就18个风险影响因素进

行访谈确定风险影响因素之间的影响关系。评分规则为：如果 R_{ij} 对 R_{mk} 的影响大，则 $a_{ij}=2$；若影响小，则 $a_{ij}=1$；若没有影响，则 $a_{ij}=0$，从而得到初始化直接影响矩阵 $X=(a_{ij})_{18\times18}$，得到表 3-2。

表 3-2 初始化直接影响矩阵 X

	R11	R12	R21	R22	R31	R32	R33	R41	R42	R43	R44	R45	R51	R52	R53	R61	R62	R7
R11	0	1	0	2	1	1	1	1	1	1	1	1	1	1	1	1	0	0
R12	0	0	0	0	1	1	1	1	2	1	1	1	0	1	1	1	2	0
R21	0	2	0	0	1	1	1	2	2	2	2	2	0	2	2	1	1	0
R22	1	0	1	0	0	0	0	1	2	1	1	1	1	1	1	1	0	0
R31	1	0	0	1	0	1	1	1	2	1	1	1	1	1	1	1	1	0
R32	1	0	0	1	1	0	1	1	2	1	1	1	1	1	1	1	1	0
R33	1	0	0	1	1	1	0	1	2	1	1	1	2	1	1	1	1	0
R41	2	1	1	0	0	0	0	0	1	2	2	1	1	2	1	1	1	1
R42	0	1	1	0	1	1	1	1	0	1	2	1	1	1	1	1	1	1
R43	0	0	0	0	1	1	1	0	0	0	1	0	1	0	0	1	1	0
R44	1	0	1	0	1	1	1	1	1	1	0	1	1	2	1	2	1	1
R45	1	1	0	0	1	1	1	0	1	2	0	1	1	1	1	1	1	0
R51	2	1	0	0	0	0	0	1	2	0	0	0	0	2	2	0	1	0
R52	1	0	0	0	1	1	1	0	0	0	0	0	0	0	2	1	1	0
R53	1	0	0	0	1	1	1	0	0	0	0	0	0	2	0	1	1	0
R61	2	0	0	0	0	0	0	0	0	0	0	0	0	0	0	2	2	0
R62	2	0	0	0	1	1	1	0	1	0	0	0	0	0	1	1	0	0
R7	0	0	0	0	1	1	1	1	1	0	1	1	0	0	0	0	0	0

③ 归一化直接影响矩阵 X。将上一步得到的初始直接影响矩阵 X 的各行进行求和，设其值为 $Sum_i(i=1,2,\cdots,18)$，取最大值 Sum_{max}，令 $X'=X/Sum_{max}$，可得归一化后的影响矩阵 X'，如表 3-3 所示。

表 3-3 归一化的影响矩阵 X'

	R11	R12	R21	R22	R31	R32	R33	R41	R42	R43	R44	R45	R51	R52	R53	R61	R62	R7
R11	0	0.05	0	0.1	0.05	0.05	0.05	0.05	0.05	0.05	0.05	0.05	0.05	0.05	0.05	0.05	0.05	0
R12	0	0	0	0	0.05	0.05	0.05	0.05	0.1	0.05	0.05	0.05	0	0.05	0.05	0.05	0.1	0
R21	0	0.1	0	0	0.05	0.05	0.05	0.1	0.1	0.1	0.1	0.1	0	0.1	0.1	0.05	0.05	0
R22	0.05	0	0.05	0	0	0	0.05	0.05	0	0.05	0.05	0.05	0.1	0.05	0.05	0	0.05	0
R31	0.05	0	0	0.05	0	0.05	0.05	0.05	0.05	0	0.05	0.05	0	0.05	0.05	0.05	0	0
R32	0.05	0	0	0.05	0.05	0	0.05	0.05	0	0.05	0.05	0.05	0	0.05	0.05	0	0	0
R33	0.05	0	0	0.05	0.05	0.05	0	0.05	0	0.05	0.05	0.05	0	0.05	0.05	0	0	0
R41	0.1	0.05	0.05	0	0	0	0	0	0.05	0	0.05	0.05	0	0.05	0	0	0	0.05
R42	0	0.05	0.05	0	0.05	0.05	0.05	0	0	0.05	0	0	0.05	0	0	0	0	0.05
R43	0	0	0.05	0	0.05	0.05	0.05	0	0	0	0.05	0	0.05	0	0	0	0	0
R44	0.05	0	0	0	0	0	0	0	0	0.05	0	0	0.05	0	0	0.1	0.1	0.05
R45	0.05	0	0	0	0	0	0	0	0	0.05	0	0	0.05	0.05	0	0	0	0
R51	0.1	0.05	0	0	0	0	0	0.05	0.1	0	0	0	0	0.1	0.1	0	0.05	0
R52	0.05	0	0	0	0.05	0.05	0.05	0	0	0	0	0	0	0	0.1	0.05	0.05	0
R53	0.05	0	0	0	0.05	0.05	0.05	0	0	0	0	0	0	0	0	0.05	0.05	0
R61	0.1	0	0	0	0	0	0	0	0	0	0	0	0	0	0	0.1	0.1	0
R62	0.1	0	0	0	0.05	0.05	0.05	0	0	0	0	0	0.05	0.05	0	0	0	0
R7	0	0	0	0	0.05	0.05	0.05	0	0.05	0.05	0	0	0.05	0.05	0	0	0	0

④ 计算综合影响关系矩阵 T。在得到标准化矩阵 X' 后，利用公式 $T=X'(1-X')^{-1}$，从而得到综合影响因子关系矩阵 T，如表 3-4 所示。

表 3-4 综合影响关系矩阵 T

	R11	R12	R21	R22	R31	R32	R33	R41	R42	R43	R44	R45	R51	R52	R53	R61	R62	R7	影响度	被影响度	原因度	中心度
R11	0.10	0.07	0.02	0.13	0.12	0.12	0.12	0.09	0.10	0.14	0.12	0.09	0.11	0.17	0.15	0.14	0.15	0.02	1.93	2.11	−0.18	4.04
R12	0.09	0.02	0.01	0.03	0.11	0.11	0.11	0.08	0.13	0.12	0.11	0.09	0.05	0.15	0.13	0.13	0.19	0.02	1.67	0.60	1.07	2.27
R21	0.12	0.13	0.02	0.03	0.15	0.15	0.15	0.15	0.16	0.21	0.20	0.15	0.07	0.24	0.22	0.17	0.19	0.02	2.52	0.29	2.23	2.81
R22	0.12	0.02	0.06	0.03	0.06	0.06	0.06	0.08	0.08	0.11	0.11	0.08	0.10	0.13	0.13	0.12	0.08	0.01	1.53	0.71	0.82	2.24
R31	0.14	0.02	0.01	0.08	0.07	0.12	0.12	0.08	0.09	0.18	0.11	0.10	0.10	0.20	0.14	0.14	0.14	0.01	1.86	1.64	0.22	3.50
R32	0.14	0.02	0.01	0.08	0.07	0.12	0.12	0.08	0.09	0.18	0.11	0.10	0.10	0.20	0.14	0.14	0.14	0.01	1.86	1.64	0.22	3.50
R33	0.14	0.02	0.06	0.03	0.12	0.12	0.07	0.04	0.09	0.18	0.17	0.09	0.10	0.20	0.15	0.14	0.14	0.01	1.86	1.64	0.22	3.50
R41	0.19	0.08	0.06	0.03	0.08	0.08	0.08	0.09	0.05	0.14	0.17	0.09	0.10	0.16	0.15	0.14	0.16	0.06	1.97	0.95	1.02	2.92
R42	0.10	0.07	0.06	0.03	0.08	0.08	0.12	0.02	0.02	0.04	0.07	0.02	0.07	0.05	0.04	0.09	0.15	0.06	1.92	1.14	0.79	3.06
R43	0.05	0.01	0.00	0.02	0.08	0.08	0.08	0.02	0.02	0.04	0.04	0.02	0.03	0.05	0.04	0.09	0.09	0.01	0.84	2.16	−1.31	3.00
R44	0.12	0.01	0.01	0.02	0.10	0.10	0.10	0.03	0.03	0.11	0.04	0.03	0.08	0.13	0.17	0.12	0.17	0.05	1.44	1.68	−0.25	3.12
R45	0.12	0.01	0.01	0.03	0.05	0.05	0.05	0.02	0.03	0.11	0.14	0.03	0.03	0.13	0.12	0.11	0.13	0.01	1.40	1.05	0.35	2.45
R51	0.15	0.06	0.00	0.02	0.08	0.08	0.08	0.02	0.08	0.14	0.04	0.03	0.03	0.16	0.16	0.06	0.11	0.01	1.24	1.24	0.01	2.48
R52	0.10	0.01	0.00	0.02	0.02	0.02	0.02	0.02	0.02	0.04	0.03	0.02	0.02	0.06	0.14	0.10	0.10	0.00	0.95	2.64	−1.69	3.59
R53	0.10	0.01	0.00	0.03	0.08	0.08	0.08	0.02	0.02	0.04	0.03	0.03	0.03	0.15	0.05	0.10	0.10	0.00	0.95	2.24	−1.29	3.19
R61	0.14	0.01	0.01	0.03	0.09	0.09	0.09	0.01	0.01	0.05	0.02	0.01	0.03	0.03	0.03	0.04	0.13	0.00	0.65	2.03	−1.38	2.68
R62	0.14	0.01	0.01	0.03	0.09	0.09	0.09	0.02	0.03	0.09	0.03	0.02	0.03	0.10	0.10	0.04	0.05	0.00	0.92	2.27	−1.35	3.19
R7	0.04	0.01	0.00	0.02	0.08	0.08	0.08	0.02	0.02	0.09	0.08	0.03	0.03	0.10	0.09	0.04	0.04	0.01	0.84	0.34	0.50	1.18

⑤ 计算长江大保护重大水利工程PPP项目风险因素的影响度、被影响度、原因度和中心度。将T的各行元素进行求和,表示各行对应的风险对其他风险的综合影响程度,即为该风险的影响度;将T的各列元素进行求和,表示各列对应的风险受其他风险的综合影响程度,即为该风险的被影响度;影响度与被影响度之差为原因度;影响度与被影响度之和为中心度,表示该风险在所有风险中的位置。计算结果如表3-4所示。

(2) 模型结果分析

① 中心度分析。

中心度表示该风险在所有识别出的风险因素中的重要程度,由表3-4可以看出,长江大保护重大水利工程PPP项目中风险因素的中心度排序为:政策稳定性风险、运营成本超支风险、外汇风险、通货膨胀风险、利率上升风险、运营效率低、市场对服务需求的改变、工期或质量风险、设计变更风险等。可见,国家对于水利工程项目政策的稳定性是长江大保护重大水利工程PPP项目成功建设运营的保障。

② 原因度分析。

原因度表示长江大保护重大水利工程PPP项目中该风险与其他风险之间的逻辑关系程度,由表3-4可以看出,在所有风险中原因度大于零的依次有合同文件冲突、不完备、项目审批延迟风险、逆向选择和道德风险、税收政策、设计变更风险等,这些风险是影响重大水利工程PPP项目的主动因素,会直接对重大水利工程PPP项目产生影响。而原因度小于零的有运营成本超支风险、项目唯一性风险、市场对服务需求的改变、建造成本超支风险等,这类风险是影响重大水利工程PPP项目的被动风险,受其他风险的影响而影响流域内重大水利工程PPP项目。

综上所述,长江大保护重大水利工程PPP项目的关键风险因素有政策稳定性风险、运营成本超支风险、外汇风险、通货膨胀风险、利率上升风险、运营效率低、市场对服务需求的改变、工期或质量风险、设计变更风险、建造成本超支风险。

3.4 本章小结

本章首先总结了 PPP 模式的特征,梳理了相关理论基础,提出 PPP 项目合作模式优势;其次通过对长江大保护重大水利工程 PPP 项目风险形成机理的分析,运用 WBS-RBS 法初步识别重大水利工程 PPP 项目 18 个风险因素;最后通过 DEMATEL 法分析出重大水利工程 PPP 项目中 10 个关键风险因素,包括政策稳定性风险、运营成本超支风险、外汇风险、通货膨胀风险、利率上升风险、运营效率低、市场对服务需求的改变、工期或质量风险、设计变更风险、建造成本超支风险。

第四章 长江大保护中重大水利工程PPP项目风险分担框架研究

4.1 长江大保护中重大水利工程PPP项目风险分担分析

4.1.1 重大水利工程PPP项目风险分担影响因素

(1) 公私双方对水利工程PPP项目融资模式的理解误区

在长江大保护重大水利工程项目中,政府采取PPP融资模式的根本目的为通过私营机构的先进技术、雄厚资产与优秀运营经验这三大优点使城市与农村基础设施供给短缺、政府财政预算不足等问题得到解决,通过引进私营机构来提高水利工程项目的效率和带来社会经济效益与环境效益。然而政府觉得通过PPP融资模式,可以将水利工程项目里的风险全部划分到私营机构;私营机构则会根据风险收益对等原则,觉得水利工程项目较长的建设周期蕴含着很大风险,并认为承担风险量与获取项目利润数是成正比的。很多学者研究得到风险与收益匹配原则适合在风险评估与招投标阶段使用,反向操作是错误的做法,会给水利工程项目带来恶劣后果。对 PPP 融资模式的不正确解读可能会造成公私两方难以科学分配水利工程项目风险,对双方的合同谈判会产生较大影响。

PPP 融资模式的关键就是通过公私合作来显著提升政府部门的管理水平,优化分配社会资源。在未选出项目的承办单位前,政府部门有着双方谈判的优先权,并将无法承担的风险分担给私营机构。政府部门需与私营机构做好沟通,积极摒弃相关错误解读,共同分担水利工程项目中的风险,达到双赢,最终实现长江大保护重大水利工程 PPP 项目的成功。

(2) 参与各方控制风险的能力和分担风险的意愿

在对长江大保护重大水利工程 PPP 项目的风险分担研究中,能够看出风险控制为多层次,主要分为风险认知度、风险的管理水平与技术和风险的管理经验等,公私双方控制风险能力的差异会直接影响实际的风险分担所属。此外,长江大保护重大水利工程 PPP 项目各参与方承担风险的意愿也会对谈判的进程有所影响,主要影响因素为:

① 对风险的态度,也就是对长江流域重大水利工程 PPP 项目风险态度的好坏,并主要由参与各方的主观想法所决定。

② 对重大水利工程 PPP 项目的风险解读透彻与否,若某参与方可以很好地认识到风险的发生缘由、产生的后果以及应急措施,那么该方会愿意分担更多的风险。

③ 承受风险触发后果和管理风险的能力。在长江大保护重大水利工程 PPP 项目中,政府也会通过一定比例的资本金提供投资赞助、承担项目中的部分融资风险和税收减免等激励措施,从而有效增加水利工程项目招商引资能力,大大提升了私营机构承担风险的意愿。

(3) 政府角色难以合理转变

相比于以往水利工程由政府提供和完全私有化而言,在长江大保护重大水利工程的建设过程中,政府部门在 PPP 融资模式下角色发生了改变。在 PPP 融资模式下,政府的重点工作将是与私人企业合作并构建监督运营体制,保障水利工程项目建设运营成功并获取利润最大化。政府部门转变传统理念,积极同私营机构配合,并提供水利工程中的指导、监督和合作者的角色。

传统理念的成功转变需要政府部门透彻认识PPP融资模式,并愿意为之改变。当政府部门的角色未有实质性的变化时,会从一定程度上阻碍水利工程项目的谈判成功。

（4）缺乏标准的制度和完善的法规

完善和标准的法规是PPP融资模式得以运行且能发挥优势的重要保障。截止当前很多国家与地区纷纷颁布了针对PPP模式的法律法规,如韩国的《公共基础设施吸引民间资本促进法》、我国台湾省发布的《促进民间参与公共建设法》；欧盟出版的PPP模式的文本指南,如《PPP模式指导纲领》《PPP模式绿皮书》。然而,我们当前尚未对PPP模式专门立法,尤其是在水利行业并未有广泛的实践应用,我国也未制定专门的法律条文来约束整个水利工程PPP项目的建设。此外,我国关于专门负责水利行业PPP模式的部门还没有成立,而那些已经广泛实施PPP模式的国家与地区一般都设立这样的专门机构,如美国的全国公私营机构合作委员会,其主要全面性和权威性的控制与管理美国的PPP政策、方针和文本解释等,并有力地支持美国PPP模式的发展。综上所述,水利行业关于PPP模式标准制度、完善法规以及专门机构的缺乏增加了公私双方合作中产生风险的概率。

4.1.2 重大水利工程PPP项目风险分担主体

长江大保护重大水利工程PPP项目整个生命周期里存在很多环节,从项目技术经济可行性研究、选择合作方、项目的开发设计、建设施工、运行以及到后期的维护。长江大保护重大水利工程PPP项目的参与者有公共部门、私营机构、施工单位、保险公司、设备供应商等。其中关于施工方、设计方、供应商等,主要有三种情况：

① 与项目开发的私营机构形成联合体,并与政府部门协商、合作。

② 施工方本身作为项目的开发方,这两种情况将其归为私营方。

③ 私营机构不包含施工方、设计方、供应商,在项目合同签订之后再进行发包,发包的过程中,有私营机构与他们共同承担风险,亦可理解为私营机构的风险转移。

综上所述,本文不把施工方、设计方、供应商等单独作为长江大保护重大水利工程PPP项目风险分担主体,而是将公共部门、私营机构和金融机构三者作为长江大保护重大水利工程PPP项目风险分担主体。

(1) 政府等公共部门

在长江大保护重大水利工程PPP项目中,政府是项目的主要发起人,也是其最终所有者,政府部门既可以宏观调控经济,又可以将水利工程项目特许经营权授予私营机构。例如,水利部长江水利委员会,区域内的水行政执法、水资源的节约与保护、河道的采砂管理、水土保持、抗旱防汛、有关国有资产的运营监管以及流域控制性水利工程建设与管理、流域规划等工作都是长江水利委员会来负责。政府部门对长江大保护中重大水利工程PPP项目的顺利实施有着关键作用,提供项目的资本金,担保汇率和利率,不允许同一地区同类项目相互竞争,制定适合长江大保护重大水利工程PPP项目发展的宏观政策,规范项目的操作流程,营造和谐的政治环境,授予私营机构特许权和规范其特许权协议,与私营机构共同承担长江大保护中重大水利工程PPP项目不同阶段的风险。

政府作为公共部门的典型,在长江大保护重大水利工程PPP项目的不同阶段都具有重要作用。长江大保护重大水利工程PPP项目开工之前,政府首先要论证分析该项目的必要性与可行性,确实项目所需实现的目标和建设具体规模,编写招投标相关合同,将该项目的承接方确定。在该阶段,政府既需要承担对应的义务和风险,也要对承接项目的私营机构提供一定的政策保障。之后,项目实施期间,政府为确保项目的各类指标能够达到预期要求,需要对项目进行监督和检查;如若发生突发意外事件,政府需要及时采取有效措施承担风险,以保证项目继续运行。最后,项目竣工后,政府审核项目的各类指标,通过之后方可投入运营,私营机构按照协议回收项目的投资成本和产生收益,最终将项目的所有权转交给政府。综上所述,在整个长江大保护重大水利工程PPP项目建设运营过程中,政府在风险承担方面发挥着重要的作用。

在长江大保护重大水利工程PPP项目中,政府是主要的受益者。政府通过PPP模式与私营机构成为合作伙伴,可以降低水利工程项目对政府财政预算的影响,使政府能够继续投资其他社会政治效益高的项目。

(2) 私营机构

私营机构与政府部门合作成立了项目公司,并由其履行业主的职责,负责包括设计、决策、融资、建造、运营等相关工作,政府部门和私营机构共同承担着长江大保护重大水利工程 PPP 项目全过程中的风险,并商议决定融资方案。方案中明确规定双方融资数额和债务归属,有效减少流域重大水利工程 PPP 项目建设中施工停止和无法按期竣工的风险。私营机构参与长江大保护重大水利工程 PPP 项目的优势在于其市场灵敏度高与适应性强、体制灵活、管理和运营经验丰富等,但是同时也存在对长江大保护重大水利工程 PPP 项目认识有限、风险承担力较弱、同政府部门谈判能力不足等劣势。

(3) 银行等金融机构

为长江大保护重大水利工程 PPP 项目提供贷款的主要包括银行和开发性的金融机构。开发性的金融机构归国家所有,由财政拨付资本金,可以开展政策性与商业性的金融业务,在决策、运营和风险承担等方面是独立自主的。

长江大保护重大水利工程 PPP 项目的资金结构为高负债类型。项目投资规模庞大,建设周期长,其中政府部门和私营机构的直接投资一般只占项目总投资的 30%,而项目的大部分资金则需向金融机构贷款,贷款的期限也较长。

银行对长江大保护重大水利工程 PPP 项目没有追索权或者享有有限的追索权,因此贷款方会在前期让资历深厚的融资专家对项目做详细分析,为项目财务提供可行的保证。他们最关注的是 PPP 项目的经济绩效而非仅仅只是借贷方偿还债务的能力,作为贷款方会在不同项目或者一个项目的不同阶段运用不同的边际利率,从而实现风险收益的平衡。银行会在一定程度上控制项目的合同管理和工作进展,保证项目的费用与进度按照预期计划开展,并对项目质量监督。王守清在他的书中提到过:"项目主办人会邀请金融界的专家和融资顾问帮其建立项目的融资结构,即为一个可以转移主办人项目风险的融资策略"[84],综上所述,金融机构也是项目风险的主要分担主体。

4.1.3 重大水利工程 PPP 项目风险分担原则

长江大保护重大水利工程 PPP 项目中参与方和存在的风险都比较多,只有科学公平地分配项目风险,才能显著提高参与各方的满意度,使各方更好地承担项目风险。风险分担问题虽没有直接套用的模板,但有约定的原则,通过大量阅读国内外文献,本文归纳出以下几点长江大保护重大水利工程 PPP 项目的风险分担原则。

(1) 风险收益对等原则

该原则即为承担风险和获取利益是共同存在的,且所承担的风险级别与所享受到的经济回报成正比例关系。也就是说,若某方在一项风险过程中获得的是最大经济利益,那么该方必然承担产生的这项风险。

(2) 风险有效控制原则

作为风险分担最基本的原则,就是对长江大保护重大水利工程 PPP 项目的各类风险,需由对风险可控最有把握这方来承担。一方对于风险最有控制力即为该参与方管理这一项风险有着超出其他方的优势,能够最大限度避免风险的发生和减少发生风险带来的社会与经济影响,进而可以确保控制风险方只需要付出最小的管理风险成本。

按照该风险分配原则,政府部门与私营机构承担与各自优势相匹配的风险:政府部门制定了政策与法律法规,可以承担政治与法律变更之类的风险;而私营机构适合分配到建设完工和运营之类的风险,其能够通过工程保险合同与保险商共同承担建设风险。

(3) 风险承担上限原则

在长江大保护重大水利工程 PPP 项目的整个建设周期里,某些风险因素是难以预料的,这类风险的发生会给公私双方造成严重损失,需要双方共同分担这类风险。风险分担的主要目的是更加科学与公平地对风险进行分配,如果某方承担太多,会降低长江大保护重大水利工程 PPP 项目的建设效率,并且有项目难以完工的风险。长江大保护重大水利工程 PPP 项目的效率和风险总成本与风险分担关系如图 4-1 所示。

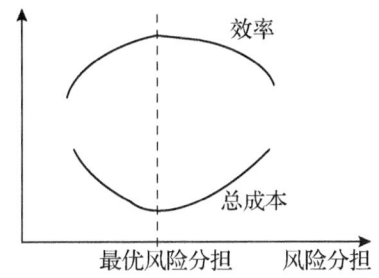

图 4-1 长江大保护重大水利工程 PPP 项目风险分担与效率和总成本关系

在长江大保护重大水利工程 PPP 项目初期,政府部门可能会觉得"PPP 模式的好处即为将更多的风险交给私营机构",而部分私营机构可能会认为"高风险意味着高回报",然而双方的想法均为错误的。实际的长江大保护重大水利工程 PPP 项目里,万一私营机构难以承担的风险意外发生,后果就是私营机构承受巨额财产损失,影响项目的实施完工进度,最终应对风险总投资也会随之提高,得不偿失。当出现政策风险或者重大自然灾害时,后果较为严重,会给投资者带来很大损失,私营机构很难承担这样的风险,此时政府出面承担或共同承担这类风险,并对投资者给予补贴或延长特许期,以保障投资者的利益。

总而言之,风险分担原则的唯一目的就是科学、公平地分担重大工程项目的风险,而且这三大原则已在很多项目里实践过,所以本文认为这些原则是可以顺利实现长江大保护重大水利工程 PPP 项目的风险分担。当然也是下文分析风险分担影响因素的依据,风险分担原则的具体应用如图 4-2 所示。

4.2 长江大保护中重大水利工程 PPP 项目分阶段风险分担

对于长江大保护重大水利工程 PPP 项目,从风险分担对象这一方面本文将风险分担分成主与次两个层次。主层次的风险分担对象有重大水利工程 PPP 项目的主办单位与承办单位;次层次的风险分担对象为承办单位组建的项目公司、融资机构、担保单位、施工单位、原材料供货商等。从风险分担内容这一方面，本研究将长江大保护重大水利工程PPP项目风险分担划分成三个阶段：初步风险分担阶段；风险的全面分担阶段；风险的跟踪和再分担阶段。依据前面章节总结出的风险分担原则，长江大保护重大水利工程PPP项目风险分担的设计框架如图4-3所示。

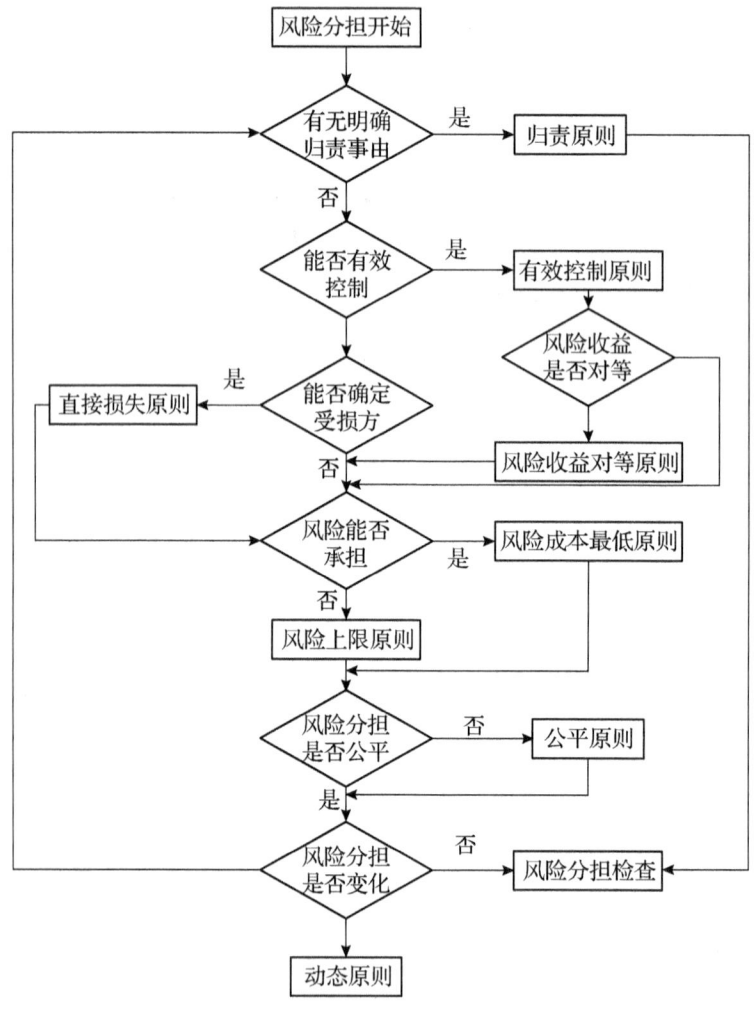

图4-2 风险分担原则应用过程

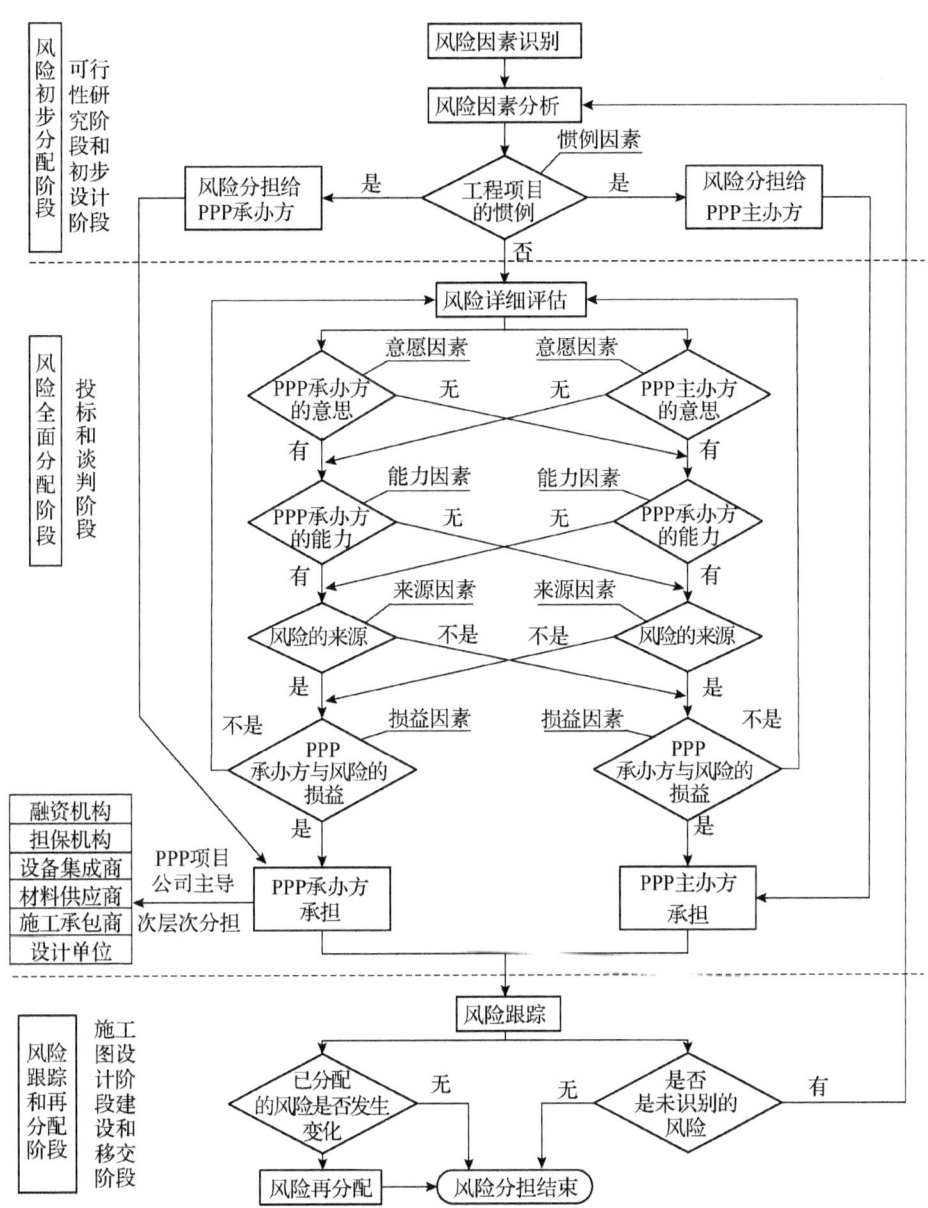

图 4-3　长江大保护重大水利工程 PPP 项目风险分担框架

4.2.1 风险初步分担阶段

在风险初步分担阶段期间，PPP项目的主办方会主导对水利工程项目中可能出现的各种风险因素进行识别，主要通过可行性研究对项目实施的经济、技术、融资、运营、市场、法律等多种风险因素进行调查与分析，参考水利行业内类似已建成项目的成功经验，运用项目调查、文献阅读等方法甄别风险，同时需要积极吸取外部专家的知识和经验对长江大保护重大水利工程PPP项目风险因素详细识别。

在对风险因素充分识别的基础上，需要对其展开全面详细的风险分析。一般而言，在风险初步分担阶段，首先需要根据水利工程项目的惯例因素来确定风险的承担方，其中的惯例因素主要是水利主管部门对常见风险分担的具体规定和管理条例。通过对工程项目惯例因素的考虑，可以初步判断出主办方与承办方可控的总体风险范围，结合PPP模式风险共担的特征，将风险分担给对其最有控制力的一方。

水利工程项目的惯例因素主要包括项目设计、项目技术、项目运营、税收、水利相关法律法规、财务风险、利率变动、汇率变动、通货膨胀等。在这些惯例因素中，公共部门对于利率变动、税收政策的调整、水利相关法律法规的变化最有控制力，应由其分担这些风险。相较于政府等公共部门，私营部门的项目管理经验更加丰富，因此项目生命周期内设计、技术、运营方面的风险由私营部门分担。同时，作为项目公司投资者之一，私营部门会更加关注项目的经济效益和投资回报，因而在项目运营的过程中，会分担汇率风险、通货膨胀风险等市场风险监控与管理。

可行性研究和初步风险分担设计阶段完成后，主办方与承办方需要对于自身在风险初步分担阶段的风险承担情况进行自我评估，从而展开下一阶段更加全面、详细的风险分担。

4.2.2 风险全面分担阶段

风险全面分担阶段是投资和谈判阶段，这一阶段首先就是主办方与承办方对上一阶段的初步分担结果进行评估，主要是从双方的意愿、技术、人才、经验等评估其各方面的能力，据此判断其对风险的控制力，通过评估如果发现某一风险超出了原控制方的控制范围，需要重新对该风险进行分析并及时调整对该风险的分担。

其次，风险全面分担阶段需要针对那些在初始分担阶段中已经识别出不属于惯例因素且未确定分担归属的风险进行全面的分析。对于那些归责事由不明了的风险因素，需要结合长江大保护重大水利工程PPP项目风险分担的影响因素来构建风险分担模型；同时，主办方与承办方需要充分考虑风险因素的来源以及承担风险因素将造成的可能损益结果，在此基础上，展开相关的谈判与协商，最终构架合理可靠的风险分担机制。

在风险全面分担阶段中，首先主要是针对主层次风险分担对象进行风险因素的归集与分配，分担结果中，主要分为主办方承担、承办方承担与双方共同承担三种情况。此时，由长江大保护重大水利工程PPP项目的主办方即政府部门主导风险分担，而重大水利工程PPP项目的承办方即私营部门，还需要对主层次分担中所承担的风险进行进一步的次层次风险分担。次层次的风险分担由PPP项目公司主导，主要是在私营部门、融资担保金融机构、设计单位、物资供应单位、施工承包商等各参与方之间进行更加细分的风险分担。

风险全面分担阶段是对项目综合风险的整体把握，在这一阶段，除了需要考虑承担方本身的承担资质与能力，还需要兼顾风险分担的原则，应该始终保证承担风险的程度与所得的回报相匹配。同时，为了鼓励社会资本参与的积极性，私营部门所承担的风险有上限设置，承担风险超过规定上限的，需要进行重新谈判或启动调节机制。

4.2.3 风险跟踪和再分担阶段

公私双方就长江大保护重大水利工程PPP项目的合同签署完成以后，在项目公司的运营下，PPP项目逐渐进入建设运营期。风险管理贯穿于PPP项目的整个生命周期，在这一阶段，前期的各风险分担阶段会自动转换为风险跟踪与再分配阶段。

该阶段的目的在于对项目运营过程中的风险变动进行实时监控，主要观察已经分担的风险是否有着意料之外的变化以及进一步排查检索是否仍有未识别的风险。对于参与方意料之外的那些风险变化，及时判断其危害性，如果对项目有害，那么依据风险的影响因素进行再次分担，分配给有控制力的参与方。对于可能出现的未识别到的风险,还需通过风险分担影响因素来谈判风险归属,进行风险再次分担。

风险跟踪和再分配阶段是对风险初步分担阶段和风险全面分担阶段分担结果的维护和巩固,同时也是对长江大保护重大水利工程 PPP 项目整体的风险分担框架的进一步完善,有助于众多的项目参与方全面综合地对项目全生命周期的各种风险进行把握。

4.2.4 重大水利工程 PPP 项目关键风险因素分担矩阵

本文对政府部门、私营机构和金融机构承担风险类型的划分,主要是以长江大保护重大水利工程 PPP 项目风险分担原则和全生命周期视角下风险分担框架为指南,同时结合众多研究学者相关研究结论,分析出重大水利工程 PPP 项目各关键风险分担主体,从而设计出重大水利工程 PPP 项目关键风险因素分担矩阵,如表 4-1 所示。

表 4-1 水利工程 PPP 项目关键风险因素分担矩阵

风险来源	风险因素	政府部门	私营机构	金融机构
政策稳定性风险	国家对水利工程 PPP 项目相关政策的制定	√√		
外汇风险	外汇市场的变动		√	√√
通货膨胀风险	国内物价水平的变动		√	√√
利率变更风险	银行基准利率的变化		√	√√
设计变更风险	改变水利工程的功能、更换工程中使用设备、针对水文地质条件前期踏勘不准确	√	√√	
建造成本超支	物价上涨、劳动效率低下、工程建设标准提高、成本责任不明	√	√	√√
工期或质量风险	天气影响、材料使用不符合设计标准、团队管理不当		√√	√
运营成本超支	水利工程质量不符合设计标准		√√	√
运营效率低	水利工程质量不符合设计标准		√√	√
市场对服务的需求发生变化	其他行业的发展	√	√√	√

其中,"√√"表示风险的主要承担者,"√"表示风险的部分承担者,空格表示无须承担该风险。

4.3 基于效用理论的重大水利工程 PPP 项目风险分担模型

由长江大保护重大水利工程 PPP 项目关键风险因素分担矩阵可知,部分风险(如政策稳定性风险)由某一部门单独承担即可,部分风险(如外汇风险、设计变更风险等)需要双方共担,也有一些风险(如建造成本超支风险、不可抗力风险)须由三方共担。

在重大水利工程 PPP 项目中,针对风险分担方法的研究还未成熟,宏观层面上,风险分担方法主要有定性和定量两种。纯粹的定性方法主要包含案例分析法与统计数据分析法,定性方法的核心是借鉴已实施项目状况,深入剖析,从而得出该工程参与各方之间的风险分担比例。常见的定量法有构建博弈模型、实证分析法等。定量风险分担比例的计算对重大水利工程 PPP 项目全过程实施而言具有关键性意义。

从 18 世纪起就有西方学者对效用理论展开研究,其中最为典型的是学者 Bernoulli 采取效用理论针对人的选择行为进行深入研究。他的观点是:人在面临各种风险状况下的决定其选择结果的主要判断标准是获取个人最大效用,目前已有较多学者将该理论使用至具体项目风险研究中。在长江大保护重大水利工程 PPP 项目中,私营机构和金融机构承担大部分的风险,但是也需要政府部门承担一定程度的风险,问题的关键就在于如何确定三方承担的最优风险量。为了保证整体效用最大化,本研究采用效用理论方法构建长江大保护重大水利工程 PPP 项目风险分担模型。

4.3.1 风险分担模型的假设条件

长江大保护重大水利工程 PPP 项目风险在政府部门、私营机构和银行等金融机构之间分担存在一种情况,就是重大水利工程 PPP 项目风险在三方之间进行分配时所耗费的总成本最少,则将在此种情况下的风险分担视为最优状态。为实现此种风险最优分担需要假设一些基本前提条件:

① 重大水利工程 PPP 项目风险分担中包含三个参与主体,即政府部门、私营机构和银行等金融机构。

② 各方风险分担相互独立,若单个风险实现最优分担,那么所有风险也

将实现最优分担。

③ 需要进行分担的重大水利工程 PPP 项目风险需要能够识别，同时也能够评估承担该风险的成本。

④ 政府部门、私营机构和金融机构拥有对称风险信息。

⑤ 政府部门、私营机构和金融机构满足承担风险的能力，即在长江大保护重大水利工程 PPP 项目风险事件出现后，均有能力承担该风险相对应的损失。

4.3.2 风险分担模型的构建

长江大保护重大水利工程 PPP 项目可以用收益 V 与成本 C 构成的函数 $U=U(V,C)$ 来体现参与主体的效用，那么可将重大水利工程 PPP 项目的风险分担成本改进模型表示成：

$$\max[U_1(V_1,C_1)+U_2(V_2,C_2)+U_3(V_3,C_3)] \quad (4-1)$$

$$\min C_r(C_1,C_2,C_3) \quad (4-2)$$

公式中，U_{1-3}，V_{1-3}，C_{1-3} 分别表示私营机构、政府部门、金融机构的效用函数、承担风险的收益以及承担风险的成本。

假设风险预期的总成本是 C_e，k_1、k_2 分别是重大水利工程 PPP 项目中私营机构和政府部门所承担的比重，$0 \leqslant k_{1,2} \leqslant 1$，那么该项目金融机构分配的风险比例则为 $1-k_1-k_2$；实际的风险总成本是 C_r，则：

$$C_e = C_{e1} + C_{e2} + C_{e3} \quad (4-3)$$

$$C_r = C_{r1} + C_{r2} + C_{r3} \quad (4-4)$$

$$\begin{cases} C_{e1} = k_1 \cdot C_e \\ C_{r1} = k_1 \cdot C_r \end{cases} \quad (4-5)$$

$$\begin{cases} C_{e2} = k_2 \cdot C_e \\ C_{r2} = k_2 \cdot C_r \end{cases} \quad (4-6)$$

$$\begin{cases} C_{e3} = (1-k_1-k_2) \cdot C_e \\ C_{r3} = (1-k_1-k_2) \cdot C_r \end{cases} \quad (4-7)$$

式中,C_{e1},C_{r1}分别表示该项目私营机构承担的预期风险成本与实际风险成本;

C_{e2},C_{r2}分别表示此项目政府部门承担的预期风险成本与实际风险成本;

C_{e3},C_{r3}分别表示此项目金融机构承担的预期风险成本与实际风险成本。

在此种情况下,可将实际风险成本表示为:

$$C_{r1}=F(k_1,C_{e1}) \quad (4-8)$$

$$C_{r2}=G(k_2,C_{e2}) \quad (4-9)$$

$$C_{r3}=H(1-k_1-k_2,C_{e3}) \quad (4-10)$$

式中,F、G、H分别表示该项目私营机构、政府部门、金融机构对于风险控制的有效性函数。

水利工程PPP项目私营机构、政府部门、金融机构由于对风险有效控制而得到的溢出收益分别表示为:

$$V_1=C_{e1}-C_{r1}=k_1 \cdot (C_e-C_r) \quad (4-11)$$

$$V_2=C_{e2}-C_{r2}=k_2 \cdot (C_e-C_r) \quad (4-12)$$

$$V_3=C_{e3}-C_{r3}=(1-k_1-k_2) \cdot (C_e-C_r) \quad (4-13)$$

进一步,式(4-1)、式(4-2)可以表示为:

$$\max[U_1(k_1 \cdot (C_e-C_r),k_1 \cdot C_r)+U_2(k_2 \cdot (C_e-C_r),k_2 \cdot C_r)+ \\ U_3((1-k_1-k_2) \cdot (C_e-C_r),(1-k_1-k_2) \cdot C_r)] \quad (4-14)$$

$$\min C_r \quad (4-15)$$

在谈判的过程中三方地位并不平等,政府部门显然处在强势地位,三方很难达到自身效用函数的最大化,因而构建立一个综合效用目标函数。在长江大保护重大水利工程PPP项目的主层次风险分配环节有项目私营机构、政府部门和金融机构三个主体,那么建立和式目标函数表示为:

$$f(U_1,U_2,U_3)=\alpha_1 \cdot (U_1-U_{1,0})+\alpha_2 \cdot (U_2-U_{2,0})+\alpha_3 \cdot (U_3-U_{3,0})$$

$$(4-16)$$

式中,$\alpha_1,\alpha_2,\alpha_3$ 分别为该项目三个主体在谈判过程中的权重系数,并且 $\alpha_1+\alpha_2+\alpha_3=1$。大多数情况下,权重系数 α 与承担的风险比例 k 是反比例的关系;

$U_{1,0},U_{2,0},U_{3,0}$ 分别为该项目三个主体在零风险下的初始效用值;

$U_1-U_{1,0},U_2-U_{2,0},U_3-U_{3,0}$ 分别为该项目三个主体因承担风险而得到的溢出效用,承担风险的三主体目标是得到最大总效益,因三方的溢出效用都是正值,必定有 $U_1-U_{1,0}>0$,$U_2-U_{2,0}>0$,$U_3-U_{3,0}>0$。

在多种风险因素的影响下,风险的总成本无法确定,假设最小风险成本为重大水利工程 PPP 项目私营机构、政府部门、金融机构对风险的共同期望成本 EC,即:

$$C_r = \overline{EC} \qquad (4-17)$$

那么风险分担的最优化模型可以表示为:

$$\begin{aligned}\max f(U_1,U_2,U_3) = \max\{&\alpha_1 \cdot [U_1(k_1 \cdot (C_e-C_r), k_1 \cdot C_r) - U_{1,0}] + \\ &\alpha_2 \cdot [U_2(k_2 \cdot (C_e-C_r), k_2 \cdot C_r) - U_{2,0}] + \\ &\alpha_3 \cdot [U_3((1-k_1-k_2) \cdot (C_e-C_r), \\ &(1-k_1-k_2) \cdot C_r) - U_{3,0}]\} \end{aligned} \qquad (4-18)$$

$$\text{s.t. } C_r = \overline{EC} \qquad (4-19)$$

4.3.3 风险分担模型的求解

本节主要采用拉格朗日法求和式目标函数最优解。

由 4.3.2 可知,风险分担的最优化模型为:

$$\begin{aligned}\max f(U_1,U_2,U_3) = \max\{&\alpha_1 \cdot [U_1(k_1 \cdot (C_e-C_r), k_1 \cdot C_r) - U_{1,0}] + \\ &\alpha_2 \cdot [U_2(k_2 \cdot (C_e-C_r), k_2 \cdot C_r) - U_{2,0}] + \\ &\alpha_3 \cdot [U_3((1-k_1-k_2) \cdot (C_e-C_r), \\ &(1-k_1-k_2) \cdot C_r) - U_{3,0}]\} \end{aligned} \qquad (4-20)$$

$$\text{s.t. } C_r = \overline{EC} \qquad (4-21)$$

对 $f(U_1,U_2,U_3)$ 中的 k_1,k_2 求偏导,其中 C_e 是常数,视具体项目而定,C_r 是有关 k_1,k_2 的函数,那么得:

$$\frac{\partial f}{\partial k_1} = \alpha_1 \left[(C_e - C_r) \cdot \frac{\partial U_1}{\partial V_1} - k_1 \frac{\partial U_1}{\partial V_1} \frac{\partial C_r}{\partial k_1} + C_r \frac{\partial U_1}{\partial C_1} + k_1 \frac{\partial U_1}{\partial C_1} \frac{\partial C_r}{\partial k} \right] +$$

$$\alpha_3 \left[-(C_e - C_r) \frac{\partial U_3}{\partial V_3} - (1 - k_1 - k_2) \frac{\partial U_3}{\partial V_3} \frac{\partial C_r}{\partial k_1} - C_r \frac{\partial U_3}{\partial C_3} + \right.$$

$$\left. (1 - k_1 - k_2) \frac{\partial U_3}{\partial C_3} \frac{\partial C_r}{\partial k_1} \right] = 0 \tag{4-22}$$

同理可得 $\dfrac{\partial f}{\partial k_2}$。

能够求得最佳的承担风险成本比例 K_1、K_2，其是有关 $\alpha_1, \alpha_2, \alpha_3$ 的函数。

利用拉格朗日法对式(4-18)、式(4-19)求取最优解。令 $K_1 = \mu_1(\alpha_1, \alpha_2, \alpha_3)$，$K_2 = \mu_2(\alpha_1, \alpha_2, \alpha_3)$，那么：

$$\begin{aligned} L &= f(U_1, U_2, U_3) + \lambda \cdot (\overline{EC} - C_r) \\ &= \alpha_1 \cdot [U_1(K_1 \cdot (C_e - C_r), K_1 \cdot C_r) - U_{1,0}] + \\ &\quad \alpha_2 \cdot [U_2(K_2 \cdot (C_e - C_r), -U_{2,0}] + \\ &\quad (1 - \alpha_1 - \alpha_2) \cdot [U_3 \cdot ((1 - K_1 - K_2)(C_e - C_r), \\ &\quad (1 - K_1 - K_2) \cdot C_r) - U_{3,0} + \lambda \cdot (\overline{EC} - C_r)] \end{aligned} \tag{4-23}$$

令

$$\frac{\partial L}{\partial \lambda} = 0, \frac{\partial L}{\partial \alpha_1} = 0, \frac{\partial L}{\partial \alpha_2} = 0$$

得

$$\frac{\partial L}{\partial \lambda} = \overline{EC} - C_r = 0 \tag{4-24}$$

$$\frac{\partial L}{\partial \alpha_1} = [U_1(K_1 \cdot (C_e - C_r), K_1 \cdot C_r) - U_{1,0}] +$$

$$\alpha_1 \left[(C_e - C_r) \frac{\partial U_1}{\partial V_1} \frac{\partial \mu_1}{\partial \alpha_1} + C_r \frac{\partial U_1}{\partial C_1} \frac{\partial \mu_1}{\partial \alpha_1} \right] +$$

$$\alpha_2 \left[(C_e - C_r) \frac{\partial U_2}{\partial V_2} \frac{\partial \mu_2}{\partial \alpha_1} + C_r \frac{\partial U_2}{\partial C_2} \frac{\partial \mu_2}{\partial \alpha_1} \right] +$$

$$[U_{3,0} - U_3((1-K_1-K_2)(C_e-C_r), (1-K_1-K_2)C_r)] +$$
$$(1-\alpha_1-\alpha_2)\left[-(C_e-C_r)\cdot\left(\frac{\partial U_1}{\partial \alpha_1}+\frac{\partial U_2}{\partial \alpha_1}\right)\frac{\partial U_3}{\partial V_3}-\right.$$
$$\left.C_r\left(\frac{\partial U_1}{\partial \alpha_1}+\frac{\partial U_2}{\partial \alpha_1}\right)\frac{\partial U_3}{\partial C_3}\right]=0 \qquad (4-25)$$

同理可得：

$$\frac{\partial L}{\partial \alpha_2}=0 \qquad (4-26)$$

通过式(4-24)可以求解得到 C_r，代入(4-25)、式(4-26)求得 α_1、α_2，容易知道 K_1、K_2 是同长江大保护重大水利工程PPP项目在谈判中的地位紧密连接的，若 K_1、K_2 能够确定，那么谈判方向也随它而定。效用理论模型确定长江大保护重大水利工程PPP项目三个主体之间承担的风险配比，也使得风险分担总成本降为最小，充分激发了各方共同合作的积极性，实现了风险最优分配。

4.4 本章小结

本章首先梳理了长江大保护中重大水利工程PPP项目风险分担影响因素、分担主体以及基本原则；其次，基于风险初步分担阶段、风险全面分担阶段、风险跟踪和再分担阶段构建分阶段的关键风险因素分担矩阵；最后，基于效用理论，确定重大水利工程PPP项目风险分担模型的假设条件，构建了长江大保护中重大水利工程PPP项目风险分担模型，并基于拉格朗日法求解最优解。

第五章 长江大保护中重大水利工程PPP项目的资产证券化研究

5.1 重大水利工程PPP项目资产证券化的理论基础

5.1.1 基础资产的现金流原理

重大水利工程PPP项目资产证券化的本质是依靠重大水利工程PPP项目的基础资产按照预期产生的现金流作为支撑来运作的,而非项目基础资产本身。所以资产证券化的核心原理是对重大水利工程PPP项目基础资产进行现金流分析,这一核心原理主要包括以下两个方面。

(1) 资产估价

资产估价的原则是资产在未来所产生的现金流的现值决定了资产的价值。在这个估价原则的基础上,在会计上主要存在三种资产的估价方法:第一种是贴现现金流估价法,也就是将资产的预期未来现金流的价值进行贴现后得到资产的现值;第二种是相对估价法,在观察、对比各种可比资产相对于共同变量(如盈利、现金流、账面价值或销售额等)的定价后进行资产的价值估计进而得到结果;第三种是期权估价法，这种估值法的复杂之处在于需要使用期权定价模型衡量各种享有期权特征的资产的价值进而得到结果。

针对各项重大水利工程 PPP 项目中不同的基础资产，如何选择最适合的估价方法是资产证券化能否成功的第一步，也是资产估价中的关键性问题。实践中，贴现现金流估价法一般运用在部分证券资产证券化和信贷资产证券化中，相对估价法一般运用在实体资产证券化中，如收费权类基础设施项目，期权估价法通常是运用在衍生品的资产证券化中估价。这三种方法不是相互排斥、对比的关系，是可以互相补充的。有时这几种方法可能会被同时用到对某项基础资产的估价中。

（2）风险收益分析

风险收益分析是指基于风险补偿基本原则，来获得其中一种资产或者资产组合的收益率，而分析的收益率实质就是重大水利工程 PPP 项目资产未来现金流的贴现率。风险收益分析是资产的风险收益模型的原理，可以为现金流分析提供证券化资产未来现金流的贴现率。在此基础上，再利用现金流贴现估价法来计算准确估价。

5.1.2 资产重组原理

重大水利工程 PPP 项目资产证券化运作流程中的核心步骤是将被证券化的 PPP 项目资产的风险和收益要素进行分离、重组，使证券的定价和资产配置更加有效，进而实现让参与主体有所收益的目的。这个核心步骤就是基于资产重组原理来实现的。

资产重组原理是运用大数定律基础上，将具有共同特征的基础资产汇集成一个"资产池"。这个"资产池"不会消除任何某个资产的个性特征，但其优点在于"资产池"所提供的资产的多样性能够抵消掉部分单个资产带来的风险，最终实现整合、保障整体资产总收益的目的。比如，单笔应收账款的现金流收入可能因为债务人经营不善、破产等一些不确定因素而出现提前得款、延迟付款的情况甚至没有任何现金流收入产生。但是由于大数定律的运用和"资产池"的组建，这一组应收账款的现金流则会呈现出一定的规律性。在此基础上，可以结合历史数据和金融技术和模型的运用，对整个"资产池"组合的现金流的平均数做出可信的估计。

资产证券化的资产重组还应满足以下 3 个原则：

一是分散性原则。进行资产证券化的基础资产组合应当吻合分散性的特征，如应收账款资产应避免为同一行业或者同一企业的债务，以免在出现该行业不景气或者该企业破产时无力偿还债务时影响到资产证券化的整体风险。

二是规模性原则。资产证券化交易中的主要成本是聘请各专业机构的费用，通常这些费用具有最低值却不会随着资产规模呈正比增加，如法律费用、会计费用、评级费用、承销费用等。因此，在规模经济效应的作用下，如果发起人能够扩大资产组合的规模就可以更大程度地分摊资产证券化过程中产生的此类成本，进而有效降低交易成本、增加各参与方的利益收入，提升本资产证券化产品的效率和竞争力。

三是可预测性原则。在进行资产组合构造时，一般被选择的资产需要具备某种共同特征，使得这些资产的组合的未来现金流易被预测算出，并且也要能够对其产生的风险进行量化评估和定价，实现为各参与方提供参考的目的。

5.1.3　风险隔离原理

风险隔离原理，指发起人和发行人用以保证融资的特定资产与发起人和发行人的其他资产从法律上进行分离，确保隔离担保资产不受发起人或发行人经营恶化及其他债权人追偿的影响，并且在发起人和发行人破产的情况下不被列入破产资产，即 SPV 对资产支持证券持有人的按时偿付不受发起人的破产的影响。重大水利工程 PPP 项目资产证券化的交易结构必须要保障发起人的破产不会对 SPV 的正常运行产生不利影响，且当发起人破产时其他债权人无权对已证券化资产实行追索。

风险隔离可以分为分割和复制两部分。分割是指对经济单位可能面临损失的风险单位进行分离，不能将它们集中在可能面临同样损失的地方，通过扩展风险单位的数量，在更大的样本空间里进行风险分散，以达到减少损失的目的。复制则是指另外储备一份经济单位所有的财产或设备，这些复制品只有在原资产或设备被损坏的情况下才可以被使用。重大水利工程 PPP 项目资产证券化中是从以下两方面践行风险隔离原理的：一是证券化资产必须是被发起人真实售出给 SPV 的,即分割;二是即使资产支持证券违约,证券持有人的最大风险为自身认购的份额证券,且有权对基础资产提出清算要求,即复制。

5.1.4 信用增级原理

信用增级指的是通过增加额外信用、提高信用等级来分散重大水利工程 PPP 项目基础资产的总体风险,进而分担持有人的部分风险的金融手段的总称。信用增级分为内部信用增级和外部信用增级。内部信用增级指依靠资产库自身为防范信用损失提供保证。其基本原理是,以增加抵押物或在各种交易档次间调剂风险的方式达成信用提升,主要形式是超额抵押,建立储备金和债券分档,内部增级可能改变债券的现金流结构。外部信用增级则是指利用责任保险、企业担保、信用证之类的工具分担风险并获取部分收益的形式,外部增信可以推动整个金融市场的信用建设,并有效防范因基础资产过于集中在某一领域而可能发生的系统性风险。

信用增级提供者的信用等级下降风险将会影响到多数外部信用增级工具。信用增级提供者自身信用等级会限制本文前述的三种增级的方式,不会获得比自身信用等级高的信用评级,因此信用增级提供者的信用品质直接影响到证券的信用评级。但是,由于现金抵押账户用现金账户提供担保从而担保人不会影响到证券信用评级。内部信用增级则可以有效规避此类型风险,通过基础资产中所产生的部分现金流来提供信用增级。

在实践中,大多数发行人为了获得信用增级而采用外部信用增级手段和内部的信用增级手段结合的方式。利用额外利差(额外利差是在支付了所有费用和债券息票成本之后的金额)来支付债券本金的超额抵押,这些利差账户和超额抵押都可以使现金流获得投资级的信用评级,再凭借专业保险公司提供的保险便得到 AAA 的信用评级。在重大水利工程 PPP 项目中,主要依靠基础资产的预期现金流结构进行信用增级。信用增级原理是资产证券化交易结构成功推广的一个重要条件。信用增级帮助发起人提高产品信用等级,提高发行成功率,并降低发行利息成本;降低产品信用风险,更好地保障投资者权益。

5.2 重大水利工程 PPP 项目资产证券化的现状与特点

5.2.1 PPP 项目资产证券化的发展历程

PPP 项目资产证券化,是指以 PPP 项目未来所产生的现金流为基础资产的结构化产品。其中,PPP(Public-Private-Partnership)模式[①]指的是政府采用竞争性方式择优选择优质社会资本,双方通过订立合同来建立合作关系。资产证券化,指的是指 PPP 项目采用结构化等方式进行信用增级达到稳定运行的状态后,特殊目的主体通过打包、分层、结构重组项目未来预期能够产生稳定现金流的资产(如项目收费权、特许经营权等),从而实现资产证券化。

PPP 模式在我国的发展历程,大致可分为探索、试点、推广、调整和快速发展 5 个阶段,如图 5-1 所示。

理论背景	改革开放	建设社会主义市场经济体制	放款非公有制资本准入限制	中国模式	市场在资源配置中起决定性作用
现实背景	对外开放吸引外资	分税制改革	经济持续高速增长	金融危机、四万亿计划	经济新常态
参与资本	外资企业	外资企业	民营企业	国有企业	社会资本
典型案例	深圳沙角B电厂	广西来宾B电厂	北京地铁4号线国家体育场	江西峡江水利枢纽工程项目	北京地铁16号线
	1984年 探索阶段	1992年 试点阶段	2002年 推广阶段	2008年 调整阶段	2014年 快速发展阶段

图 5-1 中国 PPP 模式的发展历程

---

① PPP 模式目前没有统一定义,本文采用的是国务院办公厅转发财政部发展改革委人民银行《关于在公共服务领域推广政府和社会资本合作模式指导意见的通知》(国办发〔2015〕42 号)中的定义。

(1) 探索阶段

在此阶段，PPP模式以外资参与的BOT模式为主。随着我国改革开放政策的实施，吸引外资参与我国建设逐步成为现实。1986年，国务院颁布《关于鼓励外商投资的规定》，其中部分外资便采用BOT模式进入我国基础设施建设领域。1984年，深圳经济特区电力开发公司与香港合和电力（中国）有限公司采取合作经营方式建设沙角B电厂，项目采取BOT模式，于1988年4月正式投入商业运营。深圳沙角B电厂项目是我国第一个实际意义上的BOT项目，也是我国第一个具有现代意义的PPP项目，以此为起点，中国开始逐渐探索PPP模式在基础设施等领域的应用。

(2) 试点阶段

1993年后，PPP模式在基础设施建设中的作用逐渐被政府关注，并开始进行试点。1992年年末，我国确立了"社会主义市场经济体制"的改革目标，1994年，我国实行了分税制改革。前者使得在基础设施建设中实行PPP模式成为可能，后者则在基础设施建设领域为PPP模式创造了一定的需求空间。1995年，原国家计委选取了广东电白高速公路、广西来宾B电厂等5个BOT试点项目，随后，《关于试办外商投资特许权项目审批管理关问题的通知》由原国家计委、原电力部、原交通部联合下发，为上述试点项目提供了政策依据。

(3) 推广阶段

在此期间，我国经济经历了一段持续高速的发展，也带来了巨额基础设施投资缺口，PPP模式作为民间资本进入基础设施领域的重要途径，开始被政府大力推广。同时，我国放宽了非公有制资本准入限制，2002年《关于加快市政公用行业市场化进程的意见》（建城〔2002〕272号）由原建设部发布，"鼓励社会资本、外国资本以多种形式参与市政公用设施的建设"；2003年党的十三届三中全会上明确提出"放宽市场准入，允许非公有资本进入法律法规未禁入的基础设施、公用事业及其他行业和领域"。这在很大程度上推进了各地市政公用领域PPP模式的发展，这一时期外资和民营资本较大规模的参与市政公共用基础设施的建设（如北京地铁4号线和国家体育场建设）中均引入了社会资本，以特许经营的方式建设运营。

(4) 调整阶段

2008年到2013年,我国PPP模式发展经历了一段调整时期。2008年全球金融危机后,我国实行了四万亿经济计划。2009年3月,央行和银监会联合提出:"支持有条件的地方政府组建投融资平台,发行企业债、中期票据等融资工具,拓宽中央政府投资项目的配套资金融资渠道。"地方政府组建的投融资平台开始大规模进行基础设施建设,私营企业逐渐被国有企业取代,国有企业在PPP模式中变为社会资本的代表。例如,2010年开始建设的江西峡江水利枢纽工程,即由中央国企中国电力投资集团公司江西分公司和地方国企江西省水利投资集团公司合作以PPP模式建设。

(5) 快速发展阶段

2014年以来,我国PPP模式进入了快速发展阶段。党的十八届三中全会提出,"使市场在资源配置中起决定性作用和更好发挥政府作用",随后我国开始全面统筹推进PPP改革。在这一阶段,中国政府出台了许多规范PPP发展的政策文件。2015年5月19日,国务院办公厅转发财政部、发改委和人民银行《关于在公共服务领域推广政府和社会资本合作模式的指导意见》(国办发〔2015〕42号),文件提出要对PPP模式进行大力推广,提升PPP模式的战略高度。

近年来,随着我国经济发展进入新态势,城镇化改革、财税体制改革和土地制度改革深入推进,原来完全由政府主导的基础设施建设投融资模式的供给能力进一步受到约束,PPP模式成为我国政府投融资改革的重要方向。首先,城镇化进程带来了庞大的公共服务基础设施建设投资需求。其次,财税体制改革和土地制度改革厘清了市场与政府关系、规范了地方政府投融资行为,新预算法要求地方政府全部收支将纳入预算管理,43号文则提出加强地方政府债务管理,规范融资平台融资行为,地方政府预算约束趋紧,基础设施供给能力趋于下降。PPP模式将社会资本引入公共服务基础设施建设,不但能提高公共服务基础设施建设的供给效率,还能缓解地方政府债务压力,实现政府投融资制度变革,提升政府投融资效益,并逐渐成为稳增长、调结构、促改革、惠民生、防风险的重要抓手。

"资产证券化"是一项创新性的融资技术,它源于美国的住房抵押贷款,由于忽视风险控制管理从而成为美国次贷危机发生的重要原因之一。资产证券化可以提升资产的使用效率,将流动性差的资产进行证券化进而继续投资。随着人民币国际化以及中国利率市场化趋势的增强,我国商业银行的资产证券化业务逐渐发展起来。

我国商业银行对资产证券化业务的积极性不断增加,资产证券化业务也迎来了新的发展浪潮。美国对于资产证券化的划分主要是基于基础资产的类型不同,我国的资产证券化分类与美国不同,是根据不同的监管部门来划分,详见图 5-2。

	主管部门	审核方式	SPV	交易场所
信贷资产证券化	中国人民银行、中国银行业监督管理委员会	央行注册制+银监会备案制	特殊目的信托	银行间债券市场
资产支持专项计划	中国证券业监督管理委员会	事后备案制	证券公司/基金子公司资产支持专项计划	证券交易所、全国中小企业股份转让系统、机构间私募产品
资产支持票据	中国银行间市场交易商协会	注册制	不强制要求设立SPV,可以使用特殊目的账户隔离的资产支持形式,也可以引入其他形式的SPV	银行间债券市场
资产支持计划	中国保险监督管理委员会	初次申报核准、同类产品事后报告	保险资管公司的资产支持计划	保险资金登记交易平台

图 5-2 目前我国资产证券化模式的 4 种类别

PPP 项目与资产证券化主要的结合方式包括了两种,一是资产支持票据,二是以 PPP 项目收费收益权为基础资产的资产支持计划。资产支持票据是非金融机构发行的债务融资工具,如大型机构用来自特定资产的现款付款,以及在规定的期限内支付到期利息。由保险资产管理公司等专门机构管理的资产支助系统以这些资产收益产生的现金流动为基础,受托人建立了资产支助系统,用于发行有价值的证券,并开展商业活动,希望从购买产品中获得收益。特别资产支助方案指的是以基本资产(或资产组合)为基础的商业活动,以现金流动偿还债务,然后加强资产的信贷,从而发放证券化产品。

本质上,PPP项目的资产证券化是创新金融工具资产证券化在PPP领域的应用,因此两者有许多相似之处,如项目流程、会计处理、资产证券化的法律法规注意事项等。然而,由于PPP项目的复杂结构和多样性参与者,将会有更多的问题在整个生产过程中产生,还有很多差异PPP项目资产证券化产品,如住房抵押贷款资产证券化等。PPP与资产证券化的结合,不仅可以更有力地推动PPP项目的发展,也可以推动资产证券化所追求的标准化、程序化进程,使PPP运作模式向更加规范的方向发展。

5.2.2 重大水利工程PPP项目资产证券化的发展现状

(1) 重大水利工程PPP项目资产证券化的推进情况

作为连接PPP项目和资本市场的重要桥梁,PPP项目资产证券化可拓宽PPP项目融资渠道,并为社会资本退出指明新方向,受到发改委、证监会的高度重视,并取得了突破性进展。2016年12月26日,发改委联合证监会发布《关于推进传统基础设施领域政府和社会资本合作(PPP)项目资产证券化相关工作的通知》,标志着我国PPP项目资产证券化的开启;2017年1月9日和2017年1月17日,发改委、证监会和基金业协会在北京先后举办PPP项目资产证券化座谈会和PPP项目资产证券化业务专题培训,为PPP项目资产证券化落地做准备;2017年2月8日,证监会对《关于实施PPP项目资产证券化的建议》进行了答复,表示将与发改委加强合作,并建立绿色通道促进首批PPP项目资产证券化产品落地;2017年3月10日,上交所发布公告称首批传统基础设施领域PPP项目证券化正式落地。PPP项目资产证券化从开启到落地,前后不到3个月时间,发改委、证监会和基金业协会通力合作,使得PPP项目资产证券化有了一个良好的开端。首批落地的传统基础设施领域PPP项目证券化产品共有四单,基础资产均为公共事业类PPP项目。四个产品均采用了优先/次级的分层结构,优先级均已通过合格投资者完成资金募集,次级为原始权益人自行持有。优先级信用等级均为 AAA 级,四个产品发行规模合计 27.14 亿元,优先级发行利率从 3.70% 到 4.15%,其中三个在上交所发行上市,一个在深交所发行上市,如表 5-1 所示。

表 5-1 首批落地 PPP 项目资产证券化产品概况

落地项目	产品规模(元)	优先级规模(元)	基础资产	优先级信用级别	上市时间	发行地点
中信证券-首创股份污水处理 PPP 项目收费收益权资产支持专项计划	5.3 亿	5 亿	污水处理收益权	AAA	2017.4.11	上交所
华夏幸福固安工业园区新型城镇化 PPP 项目供热收费收益权资产支持专项计划	7.06 亿	6.7 亿	供热收费收益权	AAA	2017.3.31	上交所
中信建投-网新建投庆春路隧道 PPP 项目资产支持专项计划	11.58 亿	11 亿	隧道专营权合同债权	AAA	2017.3.28	上交所
广发恒进-广晟东江环保虎门绿源 PPP 项目资产支持专项计划	3.2 亿	3 亿	污水处理收益权	AAA	2017.4.7	深交所

PPP 模式由 BOT 投资形式发展演化而来,于 20 世纪 80 年代初在中国兴起。自 20 世纪 90 年代市场化改革以来,地方政府积极开展 PPP 试点项目,并颁布了相关政策,覆盖电力、自来水、污水、燃气等市政项目。在 2003 年召开的党的十六届三中全会,明确提出"允许非公有资本进入法律法规未禁入的基础设施、公用事业及其他行业和领域",为促进 PPP 模式的发展提供了政策保障;我国经济高速增长对基础设施需求不断增长,这也推动了政府积极推广 PPP 模式。但是,在 2008 年金融危机爆发后,中央政府启动了 4 万亿美元的经济刺激计划,最终导致地方政府依赖基础设施融资平台,其政府背景和低成本优势破坏了社会基础设施资本发展空间。2013 年之后,随着政府融资平台的转型和政府收入增长放缓,PPP 模式得到了国家的有力支持,发展速度加快。

2015 年 3 月,国家发改委、财政部、水利部联合发文《关于鼓励和引导社会资本参与重大水利工程建设运营的实施意见》,内容是鼓励和指导社会资本参与重要的水项目建设工作,建设项目,建立健全的政府和社会资本合作机制,鼓励社会资本以多种形式给予特许经营,包括由一家资本公司参与大型水利工程。2016年5月,国家发改委官网披露,首期设立的12个PPP水利试点项目总体进展顺利,其中湖南莽山水库和广东韩江高陂水利枢纽项目已完成引入社会资本工作;重庆观景口水库、贵州马岭水利枢纽等6个试点项目已初步明确政府和社会资本的合作意向;另外4个试点项目正在加快推进相关工作。

我国目前运用PPP模式的工程项目在7 000个左右,其中市政工程的项目最多,接着是交通运输、生态建设等。据相关部门统计,PPP项目的行业集中度很高,但PPP模式在水利建设中的项目较少,不过依然能够处在前列;财政部政府和社会资本合作中心项目库公开信息显示,从行业分布来看,截至2021年7月17日,市政工程、交通运输、城镇综合开发、水利建设等行业入库项目数分别为4 132个、1 395个、625个、447个,占入库项目数的40.83%、13.78%、6.18%、4.42%,合计占入库项目数的65.21%。相关数据显示PPP项目的地区集中度也很高,在河南、云南、贵州3省的水利建设中用到PPP模式的项目比较多,达到了全国所有PPP项目的1/3;目前水利建设PPP项目的投资在3千亿左右,相对于市政工程、交通运输而言,投资力度比较小,但投资额的大小对项目落地率的影响并不大,而水利建设PPP项目的落地率处于中等水平。

(2) PPP项目资产证券化的相关政策

2016年12月26日,国家发展和改革委员会与中国证监会联合印发《关于推进传统基础设施领域政府和社会资本合作(PPP)项目资产证券化相关工作的通知》,首次正式启动PPP项目资产证券化项目,明确规定了PPP项目资产证券化的范围和标准,并对后期推进PPP项目资产证券化工作进行了详细部署。但是,PPP项目资产证券化并非首次提出,在此前发布的相关政策中,多次提到PPP项目资产证券化,这些政策文件的发布为PPP项目资产证券化的顺利进行打下了基础。

2014年9月21日,国务院印发《关于加强地方政府性债务管理的意见》(国发〔2014〕43号)(以下简称"43号文"),43号文强调要加强地方政府性债务管理,一方面要剥离融资平台公司的政府融资职能,严格控制不得新增政府债务,另一方面要求推广使用政府与社会资本合作模式,投资者或私人公司偿还债务,并通过资产证券化等营销方式承担偿还债务的责任。

2014年11月16日国务院印发《关于创新重点领域投融资机制鼓励社会投资的指导意见》(国发〔2014〕60号)、2015年4月25日发改委和财政部等六部委联合发布的《基础设施和公用事业特许经营管理办法》(第25号令)、2015年5月5日交通运输部发布的《关于深化交通运输设施投融资改革的指导意见》(交财审发〔2015〕67号)和2015年8月10日银监会《关于银行业支持重点领域重大工程建设的指导意见》(银监发〔2015〕43号)等政策文件中,分别提出在PPP项目领域"大力发展资产支持计划等融资工具","鼓励特许经营项目公司进行结构化融资","特别目的公司可以通过资产证券化的市场化方式举债"。

2016年5月13日,证监会发布《资产证券化监管问答(一)》,指出能够开展资产证券化的PPP项目的范围为"原则上需为纳入财政部PPP示范项目名单、国家发展改革委PPP推介项目库或财政部公布的PPP项目库的项目"。

2016年8月30日,国家发改委发布《关于切实做好传统基础设施领域政府和社会资本合作有关工作的通知》(发改投资〔2016〕1744号),成为发改委开启PPP项目资产证券化的前奏。它明确提出:"要构建多元化退出机制,推动PPP项目与资本市场深化发展相结合,依托各类产权、股权交易市场,通过股权转让、资产证券化等方式,丰富PPP项目投资退出渠道。"

5.2.3 重大水利工程PPP项目资产证券化的特点

(1) 以重大水利工程PPP项目的未来收益融资

重大水利工程项目PPP模式资产证券化最大的特点就是以重大水利工程PPP项目的未来收益保障实现提前融资,这主要得益于风险隔离技术,重大水利工程PPP项目基础资产与项目发起方被隔离开使得重大水利工程PPP项目的未来收益状况替代项目发起方的资信状况成为投资者最关心的因素。

(2) 表外融资转让项目所有权

与传统融资行为相比,重大水利工程PPP项目采用资产证券化融资的资产会从资产负债表中被剔除掉,并在当时对收益和损失进行确定后不再增加项目发起方的负债或所有者权益。这是由于在资产证券化过程中真实出售的要求使得重大水利工程PPP项目的所有权发生转让。

(3) 降低重大水利工程项目的融资成本与风险

重大水利工程PPP项目资产证券化成熟的结构设计和配套的信用增级、评级技术,能为重大水利工程PPP项目基础资产提升信用等级进而降低发行失败的风险。这也是吸引社会上的投资者自发投资而降低融资发行成本的原因。据有关专家估计,相对于传统融资方式通过资产证券化融资的项目发起方每年可节约至少金额为融资总额的0.5%的成本。

(4) 重大水利工程PPP项目对基础资产的限制少

重大水利工程PPP项目资产证券化对重大水利工程PPP项目资产的限制很少,只要满足拥有稳定的未来项目收益的条件,重大水利工程PPP项目资产可为信贷资产、租赁和应收账款、水电站的发电费用等。在我国只需避开证监会所规定的《资产证券化基础资产负面清单》中所列即可。

5.3 长江大保护中重大水利工程PPP项目资产证券化的必要性和可行性

5.3.1 长江大保护中重大水利工程PPP项目资产证券化的特点

(1) 基础资产以长江流域重大水利工程PPP项目的未来收益为主

长江流域重大水利工程PPP项目资产证券化业务选取的基础资产主要是PPP项目的收费收益权资产,如用于供水、灌溉的工农业水费;用于发电的电费等满足拥有稳定未来项目收益的条件费用。

(2) 缓解长江流域地方政府融资压力

由于资产证券化表外融资的特点,重大水利工程PPP项目采用资产证券化融资的资产会从资产负债表中被剔除掉,因此现阶段表面来看,虽然国内建筑企业资产负债率呈现出健康之势,但是我国的结构风险问题依然存在。政府融资平台借债形势严峻,在长江经济带引入 PPP 模式以后可以将部分债权转变成了股份,有效吸收了多种社会资本共同融入,并且用于重大水利工程以及基础设施项目建设,有效减轻政府压力。

（3）激活社会资本以降低融资风险

在长江经济带重大水利工程项目中采用 PPP 项目经营模式有利于公共服务领域市场竞争机制的引入,从而使长江沿线的社会资本有更多的机会投入公共基础设施建设领域,解决资金短缺问题。例如,2015 年南渡江引水工程开工,海口市政府选择 PPP 模式,通过公开招标程序,选择了具有强大资本实力、丰富的项目建设管理和运营管理经验的投资商葛洲坝集团,实施项目投资融资、建设和运营。

5.3.2 长江大保护中重大水利工程 PPP 项目资产证券化的必要性

（1）长江大保护中重大水利工程资金需求量大

随着我国水利投融资体制改革的深化,2018 年我国水利建设投资的落实金额 7 413.5 亿元,重大水利工程投资完成率为 95.6%,各项工程资金需求量大,在建投资规模累计已超 16 000 亿元。长江大保护中重大水利工程由于涉及范围广泛且区域内人口众多,并且旱涝季节性明显,在资金需求方面较一般重大水利工程大规模的投资需求而言,还需在统筹治理与季节性重点旱涝防御方面投入更多的资金。

一方面,随着我国经济向绿色可持续发展转型,有利于生态文明建设的水利工程项目的重要性进一步提升。长江大保护中包括新批准水利工程项目和已建设好的水利工程项目的数量逐年增多,水利建设在"三农"工作中仍将继续发挥不可或缺的重要作用,并随着生态文明建设的推进,其作用将不断凸显。可以预见的是,在未来的一段时间内,重大水利建设尤其是长江大保护中的重大水利工程项目建设仍将持续,资金需求量不断增加。2018 年长江委立足"共"字做文章,按照合作共商、团结共建、协作共管、资源共享的原则,相继与交通部长航局、农业部长江办、水利部太湖局、湖北省检察院签署共同行动协作方案,初步建立跨部门跨区域保护协作、规划协调、联动执法、技术协同、信息共享的合作机制,更多的重大水利项目带来更大的资金需求量。

另一方面,针对长江流域有关省份机制建立和运行情况、承担的生态保护修复任务量等因素,2018年2月财政部、环境保护部、国家发展改革委、水利部启动实施长江经济带生态修复奖励政策,计划到2020年,中央财政安排180亿元促进形成共抓大保护格局。为促进形成共抓大保护的格局,为调动一切可能的社会力量,额外追加专项资金,这一投入也增加了工程的资金需求量。

(2)长江大保护中重大水利工程资金供给不足

长江大保护中重大水利工程的发展资金采取"大专项+任务清单"的管理方式,水利建设所需资金主要来源于中央和地方政府社会资本投入占比偏低。整个水利建设中,均存在着资金供给不足,资金来源渠道少的现象:"十二五"期间我国水利建设引入社会资本投资额964亿元,仅占总投资额的4.7%;"十三五"期间水利建设投资额高达2.43万亿元,经过尝试PPP模式等方式,引进社会资本进行水利建设投资有所效果,但从图5-3可以看出,仍以财政性资金为主导。

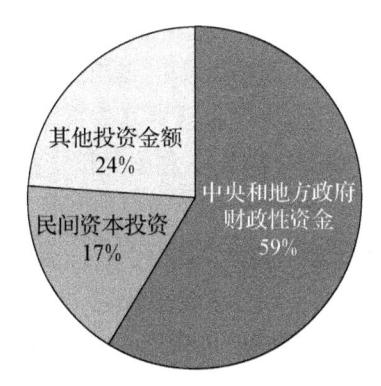

图5-3 2017年我国水利固定投资资金来源

资料来源:国家统计局、2017年全国水利发展统计公报

由于投入规模大、周期长、建设风险高等特点,长江大保护中重大水利工程项目的建设资金还是主要依靠国家财政支持,民间资本的涉足相对不足。重大水利工程耗资大,过程中不可控的因素众多,长期依赖财政资金,给政府施加的财政压力不言而喻,同时又缺乏其他社会资本的进入,项目建设的资金供给便会出现不足。因此在长江大保护重大水利工程建设中采取资产证券化PPP融资模式改变以往相对单一的投融资模式,吸引多元化的投资主体,有效缓解政府财政赤字压力,减少中间损耗并提高建设效率,显得尤为重要。

长江大保护中重大水利工程项目发展资金鼓励采取先建后补、以奖代补、民办公助等方式,因此每一阶段的资金预算是否充足、资金能否及时到位以及在阶段性与阶段性的资金投入衔接的实现,起着至关重要的作用。但目前金融监管严格导致银行贷款愈加严格,由于历史遗留原因,我国基础设施部门长期经济效率不佳,自筹资金能力也明显不足,资金供给存在着较大的困难。

(3) 长江大保护中重大水利工程传统融资成本高

重大水利工程一次性投资大、风险高、涉及范围广的特点决定了其融资涵盖范围广、系统复杂、需进行大量风险研究和资本压低等多项技术性工作。目前,有限的政府财政资金和银行贷款为重大水利工程建设的两大融资渠道,对财政资金来说,每年巨大的财政支出压力不断加重,外界资本的进入依然缺乏,无法引入市场竞争,资本的流动明显不足。如若拥有外部资本的广泛参与,财政支出所占比例逐渐减小,退出水利工程的部分财政资金便得以投入更多的高收益率项目中从而获得更高的报酬,因此不难看出目前的融资中机会成本很高;而对银行贷款来说,利率是按贷款期限实行差别化利率,贷款期限越长,利率越高,且按年结算,对需要大额长期贷款的水利工程来说融资成本偏高。

以长江流域沿线省市中贵州省的黔中水利枢纽一期工程为例,根据贵州省发改委初步设计批复总投资 73.04 亿元。截至 2018 年 5 月,累计完成投资 72.46 亿元,其中中央投资 33 亿元,地方投资 39.46 亿元(其中贷款 17.85 亿元)。该笔贷款总体优惠条件偏少,长贷期限为 10~30 年不等,大部分贷款为基准利率或基准利率下浮 20%;部分工程贷款利率甚至上浮 10%~20%,造成该项目每年的贷款利息支出高达数千万,如此高额的财务费用严重制约了项目的建设和运营工作。因此,扩展新的、低成本融资模式是非常有必要的。

5.3.3 长江大保护中重大水利工程 PPP 项目资产证券化的可行性

(1) 长江大保护中重大水利工程 PPP 项目具有可预测的稳定现金流

资产具备稳定的、可预测的现金流是资产证券化的前提。长江大保护中重大水利工程在建成后可以产生稳定且可预测的现金流,如长江流域三峡集团灌溉工程的灌溉水资源使用费、供水工程的供水费用、水力发电工程的电价收入、旅游等行为产生的现金流都较为稳定。重大水利工程以短期融资来筹措流动资金,以长期融资来筹措水利项目固定资产投资,能够有效地保证资金的流动性,从而增强项目的盈利能力,这就为PPP项目资产证券化提供了必要的条件。

位于重庆市的跳磴水库作为2020年全国第一个开工建设的重大水利工程,兼具防洪、供水、发电和灌溉等功能,年平均发电量1 300万千瓦时,建成后将大大改善浦里河谷群众生产生活条件,缓解库区产业空虚化,助推现代农业发展,助力群众实现安稳致富,具有良好的发展前景和稳定可预测的现金流。同时,长江大保护中重大水利工程PPP项目在地理位置上具有一定的特殊性,位于人口经济腹地和交通要道,社会经济条件发育成熟,地理位置上的自然垄断性也为其大型水利项目的建设提供了稳定的市场需求与支持,并且随着经济的发展,其市场需求会逐渐上升。

(2) 长江大保护中重大水利工程PPP项目拥有充裕的民间资本参与

重大水利工程以政府为主导,具有前期投资大、建成后使用期限长的特点,历来就是一项重大民生工程。随着我国证券市场的完善和发展,资产证券化在实践中不断完善丰富的同时也被越来越多的投资人所接受、欢迎。通过这样一种兼顾各方利益的融资方式,既可解决重大水利工程PPP项目投融资的难题,又可扩宽居民和社会资本的投资渠道。

长江大保护中重大水利工程PPP项目拥有充裕的民间资本作为有力的支撑,民间资本即民营企业的流动资产和家庭的金融资产,近几十年来,中国经济逐渐市场化、自由化、开放化、全球化,经济的高速高质量增长创造了大量社会财富、积累了大量的民间资本,虽分布分散但规模庞大。其中主要表现形式居民人均可支配收入,连续多年呈增加趋势,2018年高达2.82万元,如图5-4所示,大部分被作为储蓄存放起来,利用率低,这些充裕的民间资金正是资产证券化有力的潜在投资力量。充分发挥民间资本效用,正确看待非公有制经济的地位和作用,逐步扫清市场准入制度性障碍,改革行政审批制度,为多种所有制经济创造公平、平等的市场环境。目前有越来越多的地区以多种方式筹集民间资本作为建设资金,既弥补了资金缺口,又满足了老百姓的投资需求,利用"藏富于民"的民间资本,无疑潜力巨大。

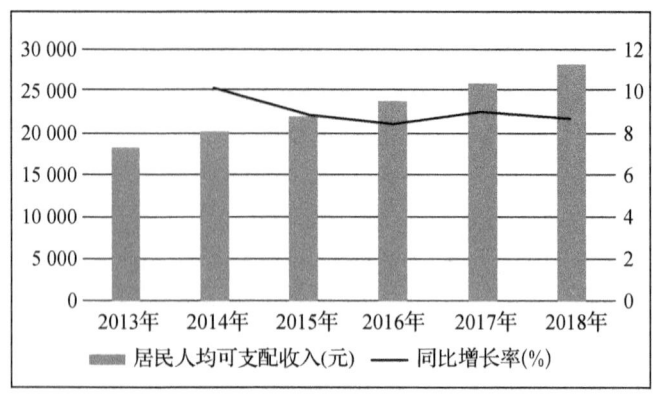

图5-4 2013—2018年我国城乡居民人均可支配收入增长情况
资料来源：国家统计局

(3) 长江大保护中重大水利工程PPP项目资产证券化融资成本低

一方面，传统的融资途径由于在诸多环节中需要政府审批等复杂环节，在无形中大幅增加了融资成本。长江大保护中重大水利工程资产证券化的运作只在第一步需要通过政府审查、资质认可，其余的流程大多为社会商业主导行为，简便高效的流程可以大大节约融资成本。同时，长江大保护中重大水利工程PPP项目资产证券化的规模经济效益能够抵消其部分主要成本，十分有利于重大水利工程这样需要巨额资金的大型项目的融资。另一方面，信用增级能够在提高信用等级的同时降低风险，在吸引投资者同时可以降低发行成本。资产证券化通常是结构化设计的，可分为优先和次级两个级别，与风险收益相匹配，以及增加债券信用评级的其他程序，从而降低融资成本。

(4) 长江大保护中重大水利工程PPP项目资产证券化风险小

资产证券化的一大优点是发起人仍可拥有对基础资产的所有权和决策权。由于发起人向SPV转移基础资产的所有权是为了资产的真实出售和破产隔离，因此在基础资产破产风险极小的前提下SPV的所有权更接近于为保护持有人权益而设置的担保。因而对社会和民生乃至国家利益有重要意义的长江大保护下的重大水利工程项目而言，可以在利用资产证券化完成融资的同时免除这些其因为融资而被外商或某些私人集团控制的担忧。资产证券化信用增级、交易所的流通转让和独有的破产隔离的特质充分降低了证券化产品的风险,此外,重大水利工程 PPP 项目的自然垄断性和政府信用的隐形背书对于投资者尤其是金融机构投资者具有很大的吸引力。

长江大保护中重大水利工程 PPP 项目资产证券化能够通过一些措施提高信用评级,以确保最终产品的安全,使其可以作为水利工程建设的资产支助文件。与 BOT 等模式不同,PPP 在项目初期就可以实现风险分担,通过授予特许权,将政府责任移交给社会主体(企业),在政府与社会主体中建立"利益共享、风险共担、全程合作"的共同体关系,从而减轻政府的财政负担和社会主体的投资风险,政府在分担风险的同时也拥有一定的控制权。

5.4 本章小结

本章首先总结了重大水利工程 PPP 项目资产证券化的现金流原理、资产重组原理、风险隔离原理、信用增级原理等理论基础;其次,从发展阶段、理论背景、现实背景、典型案例等方面梳理了 PPP 模式在中国的发展历程,总结其发展现状与特点;最后,结合长江大保护国家战略,提出长江大保护中重大水利工程 PPP 项目资产证券化的必要性和可行性。

第六章 长江大保护中重大水利工程 PPP 项目资产证券化风险评价研究

6.1 长江大保护中重大水利工程 PPP 项目的资产证券化风险形成过程

6.1.1 资产证券化风险来源与识别

资产证券化具有增强资金流动性、提高资金运行效率的作用，但同时也存在着复杂的风险，相对于传统的以实体资产作为资产池，资产证券化将稳定现金流转化为预期现金流，各种不确定性和不同主体的道德风险随之加大了。首先，由于基础资产依附于某个实体或实物资产，因此会很大程度上受到外部经济环境变动的影响；其次是资产证券化的基础资产本身固有的风险，它存在于原始债务人的破产或者违约；最后，存在着多个主体的道德风险，包括发起人的道德风险、信用评级机构的道德风险，发起人对放贷人的信用等级审查不仔细、对抵押贷款资产监督不严格均会导致发起人的道德风险。资产证券化的风险转移功能和评级机构的发行人付费模式共同诱发了信用评级机构的违规运作，信用评级机构与发行人之间具有较强的关联关系，为了获得更高的收入,评级机构也具有较大的道德风险;此外还存在着投资者面临的提前偿付风险和产品结构过于复杂的风险。

例如,大成西黄河大桥通行费收入收益权专项资产管理计划的优先级"14益优02"在2016年5月到期后未发布兑费公告,资产证券化项目出现首单实质性违约。由于资产证券化流程复杂,涉及主体多达数十个,因此我们可将其按照风险来源划分为内部风险和外部风险,其中内部风险包括基础资产本身的风险、资产证券化的运作风险,外部风险来源于各参与方的信用风险、市场、政策等方面。这些内容将在6.2中详细展开。

6.1.2 资产证券化风险积聚与爆发

上述风险在水利工程项目资产证券化中均会出现,或大或小、或隐蔽或明显。但根据前文所述资产证券化运作过程可知,从其开始发起到最终发行、运作资产证券化计划,上述资产证券化的内外部风险在不断积聚,如无有效防控措施将会爆发,从而造成计划违约,给发起人和持有人等多方带来损失。

首当其冲的是外部经济环境恶化的冲击,如若某一相关行业发展不景气,收入持续低迷,那么资产证券化的风险就会随之积聚,再加上增信措施不佳,提供增信的主体本身与基础资产有着密切的联系,无法有足够能力进行担保。同时我国利率尚未市场化,资产证券化中的不良资产无法带来较高的收益,一旦受益小于成本时,SPV则会出现亏损,导致风险的爆发,资产证券化最终失败。以华泰资管—葛洲坝水电上网收费权绿色资产支持专项计划为例,如果在5家水力发电公司的收益权由于电价下调存在风险的同时,出现提前偿付、现金流断裂等情况,则很有可能出现无法按时偿付的状况,从而导致违约并启动违约程序。

6.1.3 资产证券化风险扩散

经过积聚后,资产证券化风险形成并爆发,甚至传播引发系统性风险,如2008年的次贷危机引发的全球金融危机,资产证券化在其中就扮演了主要的反面角色。信用风险的转移在资本市场中完成,因为证券交易灵活性强,风险转移的过程将使波及的市场容量大大增加,并且其运营链条拉长,与实体经济距离越来越远,风险也就在层层衍生的金融产品的杠杆作用下被不断放大。

由于上述资产证券化的结构性特点,风险的扩散具有以下特点,一是综合性:结构风险、利率风险、管理风险和外部环境的其他风险都可能引发风险的爆发与扩散;二是传递性:很长的运营链条容易形成很长的"信用风险链",当基础市场发生一点风险,便会沿着链条四处发散,经过重重连锁反应影响更广阔的区域;三是累积性:引发地方更多相关债务风险,甚至信用危机、金融危机;此外还具有很强的隐蔽性与突发性。

在重大水利工程项目资产证券化领域内,其风险扩散主要体现在:如果同一地区或同一类型水利工程项目资产证券化计划连续出现违约情形,则可能导致投资者的心理恐惧从而引起大量抛售,进而引发其他同类型资产证券化计划证券的价格下跌,影响整个长江流域重大水利工程项目领域甚至全国的资产证券化市场的正常运作。极端情况下,将引发全流域、全国甚至全球范围内的系统性风险,给金融稳定带来强大的负面影响。

6.2 长江大保护中重大水利工程 PPP 项目的资产证券化风险识别

6.2.1 重大水利工程项目风险

(1) 工程质量风险

作为基础资产,长江流域重大水利工程 PPP 项目的质量决定着未来现金流收益,工程质量风险是资产证券化风险中最直观的风险。长江流域重大水利工程 PPP 项目体量庞大、工程复杂、技术难度大、建设周期长,项目设计、建设、监理等方面稍有闪失可能就会造成严重的质量缺陷,加之诸多可能影响工程施工和项目质量的客观因素(如地质状况和水文条件等),项目质量风险值得密切关注。

长江流域重大水利工程 PPP 项目的工程质量风险可由项目验收时的工程质量等级决定;如果项目仍在建设中,则可根据设计单位、施工单位、监理单位的资质和工程建设风险管理体系的科学性四个维度来进行定性衡量。

(2) 财务风险

财务风险指标考量的是资产证券化方案给项目带来的收益情况,用项目

的财务内部收益率 $FIRR$ 与基准收益率 R 的差值来衡量，$FIRR \geqslant R$ 则方案可接受，且差值越大说明方案的财务风险越小。

财务内部收益率 $FIRR$ 是在整个计算期（本文指证券存续年限）内，项目每年财务净现金流量的现值之和等于 0 时的折现率，计算公式为：

$$\sum_{t=1}^{n}(CI-CO)_t(1+FIRR)^{-t}=0 \qquad (6-1)$$

式中，n 表示证券偿还年限；

t 表示当前年份，CI 和 CO 分别表示现金的流入和流出。

基准收益率 R 表示资产证券化方案给该项目所带来的最低预期收益率：

$$R=R_d \cdot D + R_p \cdot P \qquad (6-2)$$

式中，R_d 为借贷资金的年利率；

D 为项目的借贷资金；

R_p 为同行业的税前基准收益率，采用发改委、建设部颁布的标准；

P 为项目的自有资金。当项目资金来源只有自有和借贷资金时，则 $P=1-D$。

(3) 现金流风险

现金流风险是指该在长江流域的重大水利工程 PPP 项目在未来能否实现盈利、创造经济利益的风险。一个具备稳定盈利能力和可因此带来现金流的 PPP 项目，是资产证券化最根本的基础，代表着偿付能力。因而重大水利工程现金流风险的作用非常重要，由该项目的预期销售收入来量化。以长江流域某一综合性的重大水利枢纽工程来说：

现金流＝发电销售收入＋城乡供水收入＋灌溉水费收入＋其他收入

$$(6-3)$$

(4) 运营风险

运营风险是指由于外部客观环境的复杂性和项目公司自身的管理能力的水平而导致该重大水利工程 PPP 项目出现运营失败或使运营活动达不到预期目标的可能性及其所带来的损失。运营风险主要取决于运营团队的工作的专业程度和工作分工的合理程度，是定性指标。

(5) 目标市场竞争风险

目标市场竞争风险是指该项目的盈利产品在目标市场上因同类产品或者替代产品的竞争力更强而导致的损失。对于一个综合性的重大水利枢纽工程来说，发电、供水和灌溉等都是其盈利产品，因而当地 GDP 水平、目标市场的规模和目标市场区域内的同类替代产品（如发电上的太阳能、风能以及长江流域的其他供水工程）都是决定该项风险的影响因素，为定性指标。

6.2.2 资产证券化交易结构风险

(1) SPV 设立风险

SPV 是一个为本次资产证券化的交易而专门设立的作为证券发起主体的特殊实体，有助于最大限度地降低发行人的破产风险对被证券化的资产的影响，即将被证券化资产与发起人其他资产进行"风险隔离"。虽然在实质流程中 SPV 只是名义上的一种存在，但作为法律意义上的实体，SPV 的设立涉及从注册成立、经营活动、会计活动到破产清算等一系列法律法规和税收政策的处理。在我国该指标主要是在法律地位和税收存在一定风险，属于定性指标。

(2) 破产隔离风险

证券化运作流程中十分重要的一个步骤便是将被证券化资产从发起人向 SPV 转移。这个步骤中处理涉及法律、税收和会计问题的准则是保证资产是"真实出售"的。这样是要实现被证券化资产与发起人之间的"破产隔离"：当发起人破产时其他债权人无权对已证券化资产实行追索。该指标由被证券化资产是否被真实出售并从资产负债表中被剔除来判断，易知属定性指标。

(3) 产品结构设计风险

产品结构设计的好坏是决定资产证券化发行成败的关键一步，需要充分平衡好风险与收益的对等关系。合理的产品结构设计不仅能得到投资者的认可和欢迎，还能平衡好发起人的资金需求和基础资产现金流（即还款能力）。资产证券化的产品结构一般由优先级和次级组成，其中优先级根据产品发行规模等情况分成数个等级，每个等级的产品的发行规模、持有期限和年利率等要素均有不同。由于产品结构设计均是交给专门金融服务机构来根据具体项目情况进行设计,故该风险主要取决于金融服务机构的专业能力,属于定性指标。

(4) 信用增级风险

信用增级分为内部增级和外部信用增级两类,其中常见的内部信用增级的方式有划分优先级、次级结构和建立利差账户等,外部信用增级则有银行开立的信用证、第三方担保和保险公司的保险函等。信用增级风险体现在内部信用增级仍然无法规避其自身的风险,而外部信用增级则可能因增级机构的经营困难、破产风险等原因而同样被信用降级。信用增级风险主要体现在内外增级手段的搭配合理性以及外部增级机构的权威性和财务状况上,这是一个定性指标。

(5) 信用评级风险

被证券化资产在进入市场进行交易活动之前必须要经过专业的信用评级机构的公开评级。这一过程的风险主要受到流域内不完善不健全的资信评级体系所带来的限制,加之可能出现的信用评级机构不负责任而导致的评级结果不客观的状态。故本风险为由选定的信用评级机构的业内权威和业务能力决定的定性指标。

(6) 发行销售风险

作为证券化产品,其发行销售情况面临着政策的多变和投资者的挑选。而一旦发行销售失败,则整个资产证券化的过程和努力全盘白费。衡量一个证券化产品的发行销售风险是十分重要的,其风险由产品本身、市场竞争情况和投资者积极性等因素共同影响决定,属于定性指标。

(7) 产品定价不当风险

资产证券化产品的定价由基础资产自身的内在价值和市场供需关系共同决定,同时受到市场动态竞争局面的影响。定价过高会导致基础资产现金流不足而出现违约风险的同时定价过低会造成市场吸引力不够而发行失败的损失。定价不当的风险主要取决于定价方式的科学性和合理性以及同类产品的价格水平对比,为定性风险。

(8) 流动性风险

流动性是指证券化产品在国内外金融市场上以尽可能小的偏离市场化的

价格直接转换成流通货币的能力。我国的证券化产品因可在交易所进行二级交易而具备一定的流动性。流动性风险由流通交易的渠道的数量和交易最终产生的时间和差价决定，属定性指标。

6.2.3 相关主体信用风险

（1）承销商风险

优秀尽责的承销商和合适的承销方式能够保障证券产品的发行工作的顺利完成。其中承销方式有包销、代销和余额包销三种，对发行人来说风险是从包销到余额包销到代销递增的，成本则是递减的。承销商风险可被量化，量化数据有承销商以往的证券产品的承销合同总规模和承销成功率，得分越高风险越小。

$$综合承销成功率 = \ln(以往承销合同总规模) + \frac{以往成功承销总规模}{以往承销合同总规模} \times 100\% \tag{6-4}$$

其中，对以往承销合同总规模取对数是为了统一数据。

（2）受托人风险

作为服务人和证券持有人的中间方，受托人负责的资金管理直接影响着证券化资产现金流的支出、回收工作。由于重大水利工程项目资产证券化产品的偿付期限一般长达十年以上，再加上可能受到的各类流程和监管等因素的影响，可能会造成资金的不安全或者资金转交的不及时的后果，最终导致违约。受托人风险可由违约率量化，违约率越高代表风险越大。

$$违约率 = \frac{以往违约记录数}{以往业务总笔数} \times 100\% \tag{6-5}$$

（3）服务人风险

服务人员的工资是出售资产，并及时收集资产池产生的现金流。在实践中，服务人员可能出于自身利益的原因，采取与发起人和证券持有人的利益相冲突的行为。风险主要由从业人员的偿付能力水平和过去的业绩来考虑，属于定性指标。

(4) 第三方担保机构风险

作为资产证券化信用增信的重要方式，引入业务独立且实力雄厚的第三方担保对发起人具有积极意义：帮助发起人提高产品信用等级、降低产品信用风险，提高发行成功率，并降低发行利息成本。该风险可由第三方担保机构的资产规模和担保合同中的担保赔偿金额占总发行规模的比率来量化，得分越高风险越小。

$$担保机构评分 = \ln(担保机构资产规模) + \frac{担保赔偿金额}{证券总发行规模} \times 100\%$$

(6-6)

其中，对保机构资产规模取对数是为了统一数据。

(5) 政府机构风险

作为长江流域重大水利工程 PPP 项目的发起人和所有人，相关政府机构的守信程度直接影响该项目的建设、运营，从而对资产证券化产生影响。例如，地方政府由于财政破产而不能如约将运营资金支付给该水利工程项目公司，造成项目运营困难从而影响其现金流收益，对资产证券化产生风险。该风险属于定性指标，主要由政府机构的权威性、经济实力和相关合同的严谨性来衡量。

6.2.4 市场风险

(1) 利率风险

资产支持证券发行时采取固定收益率的方式，那么就存在在证券存续期间出现市场利率的波动使得发行人不得不增加成本支出而造成损失的风险。对于发起人来说，应当衡量存续期间的预期平均市场贷款利率与发行时的平均利率时，只有利率差值大于 0 时资产证券化方能带来额外价值，否则将造成其自身损失。

$$利率差值 = 存续期间预期平均贷款利率 - 证券平均发行利率 \quad (6-7)$$

(2) 汇率风险

由于长江流域重大水利工程 PPP 项目本身的建设运营费用巨大，相应地资产证券化的发行规模亦很大,可能会采取在国际市场上发行离岸证券的形式,这便涉及汇率风险。国际通用货币是美元,所以可由单位美元兑人民币的兑换额的差值来量化证券化的汇率风险,差值越大表示风险越大。

$$汇率差值＝项目后期的实际汇率－投资时的当期汇率 \quad (6-8)$$

(3) 通货膨胀风险

对于设计存续时间偏长的证券发起人,考量通货膨胀对其在这期间的影响是十分有必要的:通常地,长期来看通胀是必然存在的,那么发起人在设计产品时应当适当考虑预期通胀水平,否则可能难以吸引相关投资者而导致发行失败。通货膨胀风险可采用权威经济机构在调研后公布的预期通货膨胀率量化,数值越大风险越大。

(4) 经济周期风险

经济周期风险是指经济运行的周期性变化对资产证券化市场的行情的不利影响,美国的次贷危机引起的资产证券化发展的停滞便是典型表现。该指标属于定性指标,由产品存续期间的经济周期爆发的可能性决定。

(5) 同类产品竞争风险

随着 2014 年我国资产证券化的恢复与振兴,目前长江流域的资产证券化市场正值火爆。2018 年上海证券交易所总托管市场共 8.4 万亿的证券化产品,其中上海证券交易所的企业 ABS 产品发行规模接近 20 039 亿,银行间的信贷 ABS 产品发行规模接近 980 亿。新的资产证券化产品所面临的同类产品的竞争压力较大。该指标属于定性指标,由同期新发行的 ABS 的产品数量和产品规模决定。

6.2.5 政策风险

在我国,由于几乎不存在政局变动,故对国内市场的资产证券化交易来说政策风险的来源主要在于相关法律法规及税收政策的调整和变动。

(1) 重大水利工程相关法律政策调整风险

水利行业相关的法律、政策变动的主要影响非鼓励政策可能会增加证券化资产的未来现金流的不稳定性,影响资产证券化的运行。该风险考量在于相关法律政策是否有负面调整,属定性指标。

(2) 资产证券化相关法律政策调整风险

同样地,国家政策在引导资产证券化发展上的作用举足轻重。以2008—2013年我国资产证券化的发展为例,由于美国次贷危机的教训,我国紧急叫停了资产证券化的审批与发行。在未来,不排除类似事件的发生。该风险属定性指标,风险的大小由相关法律政策是否有负面调整来衡量。

(3) 税收政策调整风险

根据我国目前的税收政策,重大水利工程项目资产证券化涉及的税目较多,其中主要有以下两点存在不确定性:一是在基础资产由发起人向SPV转交时,项目公司和SPV是否能仿照欧美政策享受所得税和增值税的减免;二是证券持有人收益可能会因被认定为贷款利息而被重复征增值税。

税收政策调整风险则由解决以上两点不确定性的政策的出台及利好趋势来决定,为定性指标。

6.2.6 其他风险

(1) 技术风险

资产证券化产品的发行和交易流程复杂,涉及众多不同的技术系统和庞杂次数的金钱交易。在该过程中,技术系统故障和错误可能导致某一环节失常而导致发行和交易受阻,最终发生损失。计划管理人、托管行、监管行、证券交易所和中证登等都存在潜在的技术风险,该风险的考量在于上述机构的交易机构的技术水平,为定性指标。

(2) 操作风险

整个资产证券化的过程中,复杂的行程涉及众多不同的主体的工作配合,且存续时间也决定了工作操作的长期限。因而,可能出现某个或者某几个主体在某项工作中因种种原因出现错误和延误而耽误资产证券化运作,给发起人等主体带来损失。该风险的考量在于相关主体的业务能力,为定性指标。

(3) 不可抗力风险

整个资产证券化发行、存续过程中，由于期限长存在经济、自然灾害甚至还有政治等方面的不可抗力事件，这些因素无疑会对资产证券化的运行和现金流收益造成不利影响。同时，需要强调的是，暴风雨、洪涝等自然灾害的发生可能会造成长江流域重大水利工程PPP项目的损失，而这种损失可能是巨大的。该风险属于定性指标，风险的大小由工程项目的潜在的不可抗力风险和资产证券化的相关因素来衡量。

6.3 长江大保护中重大水利工程 PPP 项目的资产证券化风险评价模型

6.3.1 风险评价模型的构建原则

重大水利工程项目资产证券化风险评价应当满足系统性、准确性和动态性。为实现对重大水利工程项目资产证券化进行科学、全面、准确的风险评价的目标，在建立评价指标体系和选取评价方法的时候，本文遵循以下 4 个原则。

(1) 科学性

首先，评价指标应当能够充分展示重大水利工程项目资产证券化融资的全过程，在筛选评价指标的时候不仅要满足指标含义清晰、易于理解的要求，更要尽量建立一个层次结构清晰合理、全面客观的指标体系。

评价方法的选取同样要遵循科学性，通过对比风险评价方法的优劣，选择最适合的方法，力求风险评价是客观、科学的。

(2) 系统性

对于重大水利工程项目的资产证券化风险评价指标体系这个组合来说，这是一个能够全面展示各项风险的影响作用及其组合的最终作用的系统，故筛选时力求系统、全面，达到单个因素分析有深度、体系够综合的程度。

(3) 定性和定量结合

诚然，定量的风险指标能够通过量化数据一目了然地直观、严谨地反映风险程度,但一是北非全部的风险指标都能够用数量化的因素来表示,二是本文所研究的风险本身非常复杂,此时客观的定性描述也能反映此类评价指标的风险程度和特点。此外,定性的风险指标要求更为宽泛的相关信息,在多位行业专家的专业评定下可使得最终评价结果更加综合,具有指导意义。

(4)可操作性

评价指标的数据资料的收集要足够简便,便于统计计算。同时,评价模型应具有通用性,不能是仅适用于一两个特殊案例,而应该对大多数的重大水利工程项目都适用。

6.3.2 风险评价模型的构建步骤

构建长江流域重大水利工程 PPP 项目资产证券化风险评价模型的主要步骤如下:

① 通过研究、总结已有的文献研究和实践现状,在收集的相关评价指标体系的基础上针对长江流域重大水利工程 PPP 项目的特征对风险进行全面的识别,并就具体风险指标及其衡量方法进行深入的描述。在专家调查结果上对指标进行筛选和调整,最终确定评价指标体系。

② 在模糊层次分析法、灰色系统理论、关联矩阵法等风险评价方法中根据重大水利工程 PPP 项目资产证券化呈现的特点选取最合适的方法计算出评价指标的权重。

③ 选取科学合理的评价方法,计算长江流域重大水利工程 PPP 项目资产证券化风险的综合值,给出评价标准,从而构建出实用性强、科学化程度高、结构完整的风险评价模型。

6.3.3 风险评价指标体系

(1)评价指标的初筛

本文初步选取的指标体系是在本章前两节分析的基础上所得。由于本文研究的初始性,为全面、充分反映重大水利工程项目资产证券化的风险影响状况,6.2 中尽量囊括了涉及的相关指标,具体如表 6-1 所示。

表 6-1　重大水利工程项目资产证券化风险评价指标初设版

一级指标	二级指标		计量方法
重大水利工程项目风险 A_1	A_{11}	工程质量风险	已建成:定量 建设中:定性
	A_{12}	财务风险	定量
	A_{13}	现金流风险	定量
	A_{14}	运营风险	定性
	A_{15}	目标市场竞争风险	定性
资产证券化交易结构风险 A_2	A_{21}	SPV 设立风险	定性
	A_{22}	破产隔离风险	定性
	A_{23}	产品结构设计风险	定性
	A_{24}	信用增级风险	定性
	A_{25}	信用评级风险	定性
	A_{26}	发行销售风险	定性
	A_{27}	产品定价不当风险	定性
	A_{28}	流动性风险	定性
相关主体信用风险 A_3	A_{31}	承销商风险	定量
	A_{32}	受托人风险	定量
	A_{33}	服务人风险	定性
	A_{34}	第三方担保机构风险	定量
	A_{35}	政府机构风险	定性
市场风险 A_4	A_{41}	利率风险	定量
	A_{42}	汇率风险	定量
	A_{43}	通货膨胀风险	定量
	A_{44}	经济周期风险	定性
	A_{45}	同类产品竞争风险	定性
政策风险 A_5	A_{51}	重大水利工程相关法律政策调整风险	定性
	A_{52}	资产证券化相关法律政策调整风险	定性
	A_{53}	税收政策调整风险	定性

续 表

一级指标	二级指标	计量方法
其他风险 A_6	A_{61} 技术风险	定性
	A_{62} 操作风险	定性
	A_{63} 不可抗力风险	定性

(2) 评价指标的筛选与确定

上表所示的评价指标初设版出于保证指标全面性的目的,包含了一些影响作用偏低的风险种类和彼此具有含义、影响力重叠的风险种类。接下来本文要在专家问卷调查法的基础上调整、完善评价指标体系,问卷 A 见附录。

① 问卷调查开展。

第一,调查问卷的内容:首先明确参与调查人员的基本信息,以此判断该人员是否有足够的专业能力胜任此调查工作。主体是对评价指标重要性的评价,用分值 1、3、5、7、9 依次代表很不重要、不重要、一般、重要和很重要五个等级的重要程度。

第二,问卷发放及回收情况:在研究团队合作网络的支持下,通过电子邮件、专业问卷调查网站方式邀请了 150 位校内外专家学者参与调研。从表 6 - 2 的统计信息可知,回收的 114 份有效问卷中的参与人员中学历为研究生及以上为 76.67%,拥有 3 年以上工作(研究)经验的占 66.67%,充分说明调研样本的有效性。

表 6 - 2 问卷 A 调查样本基本资料统计表

项 目	具体信息	样本数(份)	比例(%)
学历	本科	26	22.81%
	硕士研究生	47	41.23%
	博士研究生	41	35.96%
工作(研究)年限	3 年以下	29	25.44%
	3—8 年	52	45.61%
	8 年以上	33	28.95%

续 表

项　目	具体信息	样本数（份）	比例（%）
专业背景	财务金融专业	61	53.51%
	水利工程及相关专业	48	42.11%
	其他专业	5	4.39%

② 问卷分析。

首先需要进行信度分析。信度是指各因素测量结果的一致性和可靠程度，信度分析是用来判断各个指标之间是否独立、内部结构是否良好、指标关系是否一致的一种方法。目前最常用的信度测量指标是 Cronbach 系数。Cronbach 值越大，则可靠性越高，信度越好。一般情况下，我们为 Cronbach 系数值大于 0.5 是可以接受的，在低于 0.35 的时候是必须拒绝的。Cronbach α 系数计算公式为：

$$r_a = \frac{k}{k-1}\left|1 - \frac{\sum S_i^2}{S^2}\right| \qquad (6-9)$$

式中，k 为指标数；

S_i 为各指标的标准差；

S_i^2 是第 i 个指标的方差；

S^2 是总分的方差。

利用 SPSS 软件，对 114 个样本进行测量，得到的 Cronbach 系数如表 6-3 所示。

表 6-3　信度分析

样本来源	Cronbach α 系数
问卷调查	0.869

从表 6-3 可以得出以下结论，Cronbach α 系数处于 0.8～0.9 之间，表示问卷调查的内部一致性较为可观，可以认为本文设计的水利工程项目资产证券化的投资风险评价指标体系的信度可以接受，具有较好的科学性。

其次要进行效度分析。效度是指一种能真正体现研究人员所想要衡量的事物结果的程度的衡量工具。效度分析一般用 KMO 值来表示变量之间相关系数的大小,KMO 越大,说明偏相关系数平方和远小于所有变量之间的简单相关系数平方和,也就越适合于作因子分析。一般认为当 KMO 值小于 0.5 时不适合进行因子分析,而 KMO 值大于 0.9 时因子分析得适用度更高。Bartlett 是检验总体变量不相关的检验方法,即总体相关矩阵是单位矩阵,如果拒绝原假设,表示适合做因子分析,反之则不适合进行因子分析。

在本研究中,通过对获取的样本进行实证检验,得到 KMO 值为 0.727,表明其适合做因子分析,具体如表 6-4 所示。

表 6-4 效度分析

取样足够度的	KMO 和 Bartlett 的检验	0.727
Kaiser-Meyer-Olkin 度量	近似卡方	502.619
Bartlett 的球形度检验	df	392
	Sig.	0

③ 评价指标的确定。

首先进行专家意见集中度分析。本研究采用某一指标的专家意见集中度和协调度来判断该指标是否需要被剔除。常见的用来反映专家意见集中程度是算术平均数 M_j。具体计算公式如下:

用 X_{ij} 表示第 i 个专家对第 j 个指标的重要程度的打分,n 为指标的个数,m 为参与问卷调查的专家数。

指标的算术平均值:

$$M_j = \frac{1}{m} \sum_{i=1}^{m} X_{ij} \qquad (6-10)$$

指标的标准差:

$$S_j = \sqrt{\frac{1}{m}(\sum_{i=1}^{m} X_{ij} - M_j)^2} \qquad (6-11)$$

指标的变异系数:

$$V_j = \frac{S_j}{M_j} \qquad (6-12)$$

其中,变异系数值越大则协调性越弱,但是变异系数必须小于0.5;而在显著性检验中,如果 $P<0.05$,结果可采纳;如果 $P>0.05$,则结果不可以采纳。

根据问卷调查结果,本研究计算出全部29个指标的专家意见集中度和专家意见协调度,如表6-5所示。

表6-5 风险评价指标专家意见

序号	指标	意见集中度	变异系数	P 值
1	工程质量风险	6.22	0.165 22	0.000 0
2	财务风险	6.69	0.118 81	0.000 0
3	现金流风险	6.34	0.149 45	0.000 0
4	运营风险	6.27	0.155 37	0.000 0
5	目标市场竞争风险	5.81	0.180 27	0.000 0
6	SPV 设立风险	5.31	0.220 30	0.000 0
7	破产隔离风险	5.53	0.168 04	0.000 0
8	产品结构设计风险	6.72	0.131 39	0.000 0
9	信用增级风险	6.40	0.133 32	0.000 0
10	信用评级风险	6.26	0.174 78	0.000 0
11	发行销售风险	6.05	0.137 27	0.000 0
12	产品定价不当风险	6.49	0.140 98	0.000 0
13	流动性风险	6.92	0.130 65	0.000 0
14	承销商风险	5.84	0.143 37	0.000 0
15	受托人风险	6.33	0.224 89	0.000 0
16	服务人风险	5.42	0.210 82	0.000 0
17	第三方担保机构风险	5.81	0.166 50	0.000 0
18	政府机构风险	5.38	0.233 27	0.000 0
19	利率风险	6.42	0.121 26	0.000 0
20	汇率风险	5.43	0.278 83	0.000 0
21	通货膨胀风险	6.66	0.145 42	0.000 0
22	经济周期风险	5.43	0.246 85	0.000 0
23	同类产品竞争风险	6.04	0.117 32	0.000 0
24	重大水利工程相关法律政策调整风险	6.38	0.136 06	0.000 0

续 表

序 号	指 标	意见集中度	变异系数	P 值
25	资产证券化相关法律政策调整风险	5.91	0.196 77	0.000 0
26	税收政策调整风险	5.70	0.203 44	0.000 0
27	技术风险	5.49	0.189 90	0.000 0
28	操作风险	5.54	0.188 40	0.000 0
29	不可抗力风险	5.51	0.190 30	0.000 0

统计结果表明,意见集中度排在后20%的后6个指标为:SPV设立风险、政府机构风险、服务人风险、汇率风险、经济周期风险和技术风险。变异系数排秩在前20%的6个指标为:汇率风险、经济周期风险、政府机构风险、受托人风险、SPV设立风险和服务人风险。同时意见集中度排在后20%和变异系数排秩在前20%的指标包括了SPV设立风险、服务人风险、政府机构风险、汇率风险和经济周期风险等5项。

第二,相关性分析。相关性分析是用来解决指标作用具有高度相似性的问题的。其原理是,首先给定临界值M,其中$0<M<1$,如果$R_{ij}>M$,则将其中一个指标剔除,如果$R_{ij}\leqslant M$,则两个评价指标都保留。本研究将临界值M设定为0.6,得到相关系数矩阵并进行筛选,如表6-6所示。

表6-6 风险评价指标相关性

指标对	相关系数	保留指标
破产隔离风险-产品结构设计风险	0.653	产品结构设计风险
发行销售风险-承销商风险	0.717	承销商风险
信用增级风险-第三方担保机构风险	0.726	第三方担保机构风险
技术风险-操作风险	0.672	操作风险

因此,本研究将SPV设立风险、服务人风险、第三方担保机构风险、破产隔离风险、政府机构风险、发行销售风险、汇率风险、经济周期风险和技术风险共9个指标删除。

经过整理和总结调查问卷中的专家打分和意见,本文得到了重大水利工程项目资产证券化风险评价指标体系,见表6-7。

表 6-7 重大水利工程项目资产证券化风险评价指标体系

一级指标	二级指标	计量方法	具体方法
重大水利工程项目风险 U_1	U_{11} 工程质量风险	定量/定性	已建成：工程质量等级 建设中：设计单位、施工单位、监理单位的资质和管理科学性
	U_{12} 财务风险	定量	财务内部收益率
	U_{13} 现金流风险	定量	供水＋灌溉＋发电＋其他收入
	U_{14} 运营风险	定性	运营团队的专业程度和分工的合理程度
	U_{15} 目标市场竞争风险	定性	当地 GDP、目标市场规模及替代品竞争力度
资产证券化交易结构风险 U_2	U_{21} 产品结构设计风险	定性	金融服务机构的专业能力
	U_{22} 信用增级风险	定性	增信的方式及外部增信机构的权威性和财务情况
	U_{23} 信用评级风险	定性	评级机构权威性和业务熟练程度
	U_{24} 产品定价不当风险	定性	定价的方式和与市场同类产品的价格水平的差值
	U_{25} 流动性风险	定性	交易场所、兑现时间的长短和买卖价差
相关主体信用风险 U_3	U_{31} 承销商风险	定性	承销商的综合承销成功率
	U_{32} 受托人风险	定量	违约率
市场风险 U_4	U_{41} 利率风险	定量	利率差值
	U_{42} 通货膨胀风险	定量	预期通货膨胀率
	U_{43} 同类产品竞争风险	定性	同类产品的规模和发行情况
政策风险 U_5	U_{51} 重大水利工程相关法律政策调整风险	定性	是否有重大负面政策调整
	U_{52} 资产证券化相关法律政策调整风险	定性	是否有重大负面政策调整
	U_{53} 税收政策调整风险	定性	是否有重大利好政策调整

续表

一级指标	二级指标	计量方法	具体方法
其他风险 U_6	U_{61} 操作风险	定性	是否出现过操作失误或违反操作规程
	U_{62} 不可抗力风险	定性	是否存在政治、经济与自然灾害等方面的隐患

6.3.4 基于模糊层次分析法的风险评价模型构建

（1）模糊层次分析法的适用性分析

有关风险评价的方法层出不穷，常见的包括关联矩阵法、模糊层次分析法、灰色系统理论等，如表6-8所示。在选择最适合的风险评价方式时，应该综合考量评价指标体系、其指标测量方法和数据等方面的特征。根据重大水利工程项目资产证券化风险评价呈现的复杂性、层次性和模糊性和定量结合定性的指标测试方法。结合下列5种常用的风险评价方法的优缺点的比较，本研究认为模糊层次分析法是较为适合的方法，能够综合专家主观意见和客观量化数据对风险进行客观的评价。同样地，刘力（2006）[85]、朱明明（2010）[86]和金璨（2015）[87]等运用模糊层次分析法对工程风险进行衡量，王联备等（2006）[88]、李素红等（2013）[89]和姜琳琳（2014）[90]等则是将该法成功运用在融资风险评价上。

表6-8 常见风险评价方法对比

方法名称	优势	劣势	应用举例
模糊层次分析法	思路简洁，层次分明且结构严谨。特别适合具有模糊性和层次性特征的又存在难以量化的部分的问题	据专家经验所得的权重和部分定性描述的问题带来一定主观性	风险评价、信用评价等

续表

方法名称	优势	劣势	应用举例
灰色系统理论	处理部分信息明确、部分信息不明确的灰色系统;所需要的信息量不大;可以处理相关性大的系统	难以定义时间变量;应考虑所选变量需具备可比性	企业经济效益评价、农业发展水平评价等
BP人工神经网络法	神经网络独有的自适应性、可容错性;能在计算机调剂下处理非线性、非局域性的大型复杂系统,能处理相关程度大的评价对象	精度不高,需要大量训练样本	大城市发展水平综合评估等
层次分析法	适用于多层次的结构;依靠判断矩阵的基础上具有较高可靠性和较小的误差	评价对象的因素不能过多	成本收益决策、资源分配等
关联矩阵法	通过确定评价对象与权重确定各替代方案的相关评价项的价值量,方法简单易操作	只能用于静态评价	交通系统安全评价、信产品开发计划等

(2) 模糊层次分析法的基本思路

模糊层次分析法(FAHP)是由美国的运筹学专家 T.L.Saaty 提出并在风险评价研究领域得到了非常广泛的实践和应用,其是层次分析法和模糊数学评价法相结合的一种兼顾定量与定性分析的评价法。从表 6-8 可知,层次分析法的运用可通过判断矩阵化主观态度为数学化处理从而得到较为可靠、科学的指标权重。在进行指标的判断时有两两对比判断法、五标度对比法、九标度对比法等方法,本文选择的是五标度对比法。模糊数学评价法则引进"隶属度"的概念将定量指标和定性指标进行无量纲化处理,最终在处理好指标的模糊性的基础上得到值得信任的模糊综合评价值。

运用模糊层次分析法来对重大水利工程项目资产证券化风险进行综合评价的操作思路分为两大步:第一步是在已确定的重大水利工程项目资产证券化风险评价指标体系的基础上,通过五标度层次分析法的运用计算确定指标权重;第二步是运用模糊数学评价法将定性的指标和定量的指标进行隶属度处理后得到综合评价值。具体步骤思路如图6-1所示。

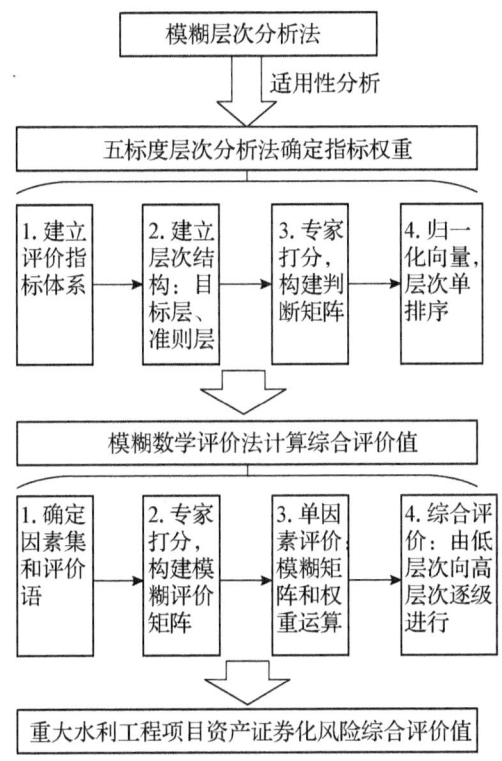

图6-1 模糊层次分析法基本思路

(3) 确定指标权重

由于本文已在前面章节中通过专家问卷调查法确定了评价指标体系,故根据模糊层次分析法的操作步骤,应利用层次分析法确定指标权重。

本文运用五标度AHP法确定指标权重,步骤如下:

① 构建层次分析法结构模型。

从上节内容可知,该模型的目标层为重大水利工程项目资产证券化风险评价,准则层1为6个一级指标,准则层2为20个二级指标。在同层级的元素在受到上一层级的相关元素的制约的时候,同时也对其自身所包含的所有的下一级元素产生决定作用。整个模型如图6-2所示。

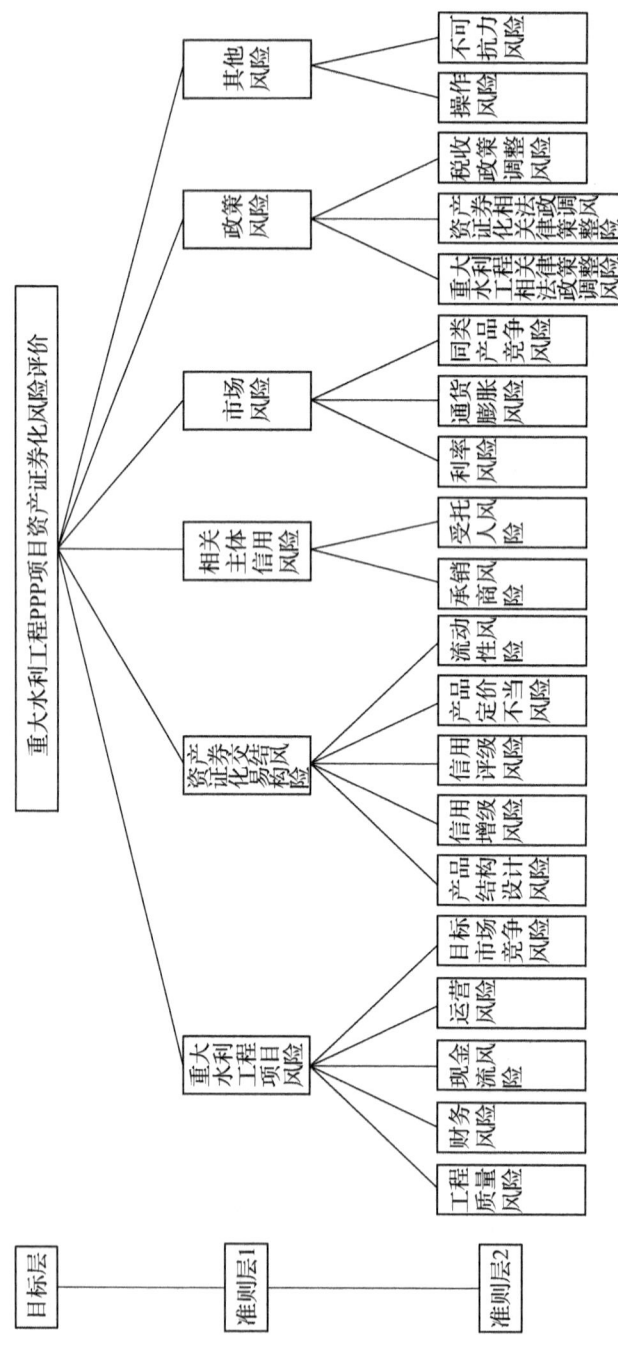

图 6-2 重大水利工程 PPP 项目资产证券化风险评价的层次分析法结构模型

② 确定指标体系判断矩阵。

基于所确定的层次结构,在同层次指标之间建立两两比较的判断矩阵。对同一层次的所有指标都要与其他指标进行两两比较,在比较时用 1～5 标度法来衡量两个指标之间的相对重要性,具体的标度含义如表 6-9 所示。

表 6-9　1～5 标度的含义表

a_{ij}	两个指标的对比	含义
1	同样重要	指标 i 和 j 同样重要
2	稍微重要	指标 i 比 j 略微重要
3	比较重要	指标 i 比 j 重要
4	非常重要	指标 i 比 j 明显重要
5	极端重要	指标 i 比 j 绝对重要
以上各数的倒数	若指标 j 与指标 i 比较,得到判别值 $a_{ji}=1/a_{ij}$	

对同一层次的 n 个指标进行对比,得到 $n-1$ 个对比结果,从而可得到两两比较判断矩阵 A,$A=\{a_{ij}\}$。判断矩阵中的值首先要满足下列条件:$a_{ij}>0$,$a_{ij}=1/a_{ji}$,$a_{ii}=1$。

③ 计算权重。

第一,计算判断矩阵 A 的每一行元素的积 M_i:

$$M_i = \prod_{j=1}^{n} a_{ij} \quad (i=1,2,\cdots,n) \tag{6-13}$$

第二,计算各行的 M_i 的 n 次方根 $\overline{w}_i$:

$$\overline{w}_i = \sqrt[n]{M_i} \tag{6-14}$$

式中,n 为矩阵阶数;$i=1,2,\cdots,n$。

第三,归一化向量 $(M_1,M_2,\cdots,M_i)^T$,计算方法如下:

$$W_i = \frac{\overline{w}_i}{\sum_{i=1}^{n} \overline{w}_i} \tag{6-15}$$

W_i 即为所求的各指标的权重系数。

第四,计算判断矩阵 A 的最大特征值 $\lambda_{\max}$:

$$\lambda_{\max} = \frac{1}{n}\sum_{i=1}^{n}\frac{(A \cdot W)_i}{W_i} \tag{6-16}$$

④ 一致性检验。

层次分析法是通过对收集到的主观判断进行数学化的表达和处理然后逐渐消除原来的主观性,达到最大限度上的客观描述的目标。故在这个过程中需要首先对其进行一致性检验,以判断该方法在使用的情境中能够达到合理的水平从而成功运用。这也是决策判断的主观性和复杂多样的客观事物的必然要求。

第一,计算一致性指标 CI:

$$CI = \frac{\lambda_{\max} - n}{n-1} \tag{6-17}$$

第二,通过平均随机一致性表(见表6-10),可以得到不同阶数的平均随机一致性指标 RI 值。

表6-10 平均随机一致性表

阶 数	1	2	3	4	5	6	7	8	9
RI	0	0	0.58	0.90	1.12	1.24	1.36	1.41	1.46

第三,计算一致性比率 CR 值:

$$CR = \frac{CI}{RI} \tag{6-18}$$

第四,对是否满足一致性进行判断:

如果 $CR<0.1$,可以认为该判断矩阵具有满意的一致性,也即权系数的分配比较合理;反之,如果 $CR\geqslant 0.1$,那么就应当重新调整上述判断矩阵元素的取值并重新计算分配权系数,直到算得 $CR<0.1$。

本文设计了问卷B——《重大水利工程PPP项目资产证券化风险评价指标权重调查问卷》,共邀请30名水利、金融专家学者及金融业资深从业人员开展调查。最后回收到有效问卷23份,问卷有效回收率为76.7%,但23位专家的参与调查仍可满足层次分析法在专家数量上的10～30位的要求。根据式(4.5)～式(4.10),可逐步计算得到每个一致矩阵的最大特征值所对应的特征向量,也即得到了每一个指标在每一层次中的相对权重值,再重复同样的步骤就可确定上一层次的指标的权重。由于计算量繁冗,此处不再赘述。得到的权重结果见表6-11。

表6-11 重大水利工程项目资产证券化风险评价指标体系的权重

一级指标	权重	二级指标		权重
重大水利工程项目风险 U_1	0.4272	U_{11}	工程质量风险	0.1084
		U_{12}	财务风险	0.4462
		U_{13}	现金流风险	0.2803
		U_{14}	运营风险	0.0767
		U_{15}	目标市场竞争风险	0.0884
资产证券化交易结构风险 U_2	0.2601	U_{21}	产品结构设计风险	0.3661
		U_{22}	信用增级风险	0.1587
		U_{23}	信用评级风险	0.1276
		U_{24}	产品定价不当风险	0.1034
		U_{25}	流动性风险	0.2442
相关主体信用风险 U_3	0.0780	U_{31}	承销商风险	0.5609
		U_{32}	受托人风险	0.4391
市场风险 U_4	0.1217	U_{41}	利率风险	0.2807
		U_{42}	通货膨胀风险	0.2758
		U_{43}	同类产品竞争风险	0.4435
政策风险 U_5	0.0793	U_{51}	重大水利工程相关法律政策调整风险	0.1301
		U_{52}	资产证券化相关法律政策调整风险	0.3437
		U_{53}	税收政策调整风险	0.5262
其他风险 U_6	0.0337	U_{61}	操作风险	0.5489
		U_{62}	不可抗力风险	0.4511

(4) 计算综合评价值

指标权重得到确定后,下一步的工作就是利用模糊数学评价法计算综合评价值,此处只做主要步骤介绍:

① 建立评价对象因素集。

首先根据一级指标的数量建立 6 个子集用来含括所有指标,记为 U_1, U_2,…,U_5,并满足条件:

$$U=\{U_1,U_2,U_3,U_4,U_5,U_6\}, U_i \bigcap U_j = \emptyset (i \cdot j) \qquad (6-19)$$

其中,$U_i=\{U_{i1},U_{i2},\cdots,U_{in}\}, i=1,2,\cdots,6$;$n$ 表示 U_i 元素个数。

$$U=\begin{Bmatrix}重大水利工程项目风险,资产证券化交易结构风险,\\相关主体信用风险,市场风险,政治风险,其他风险\end{Bmatrix}$$

$$U_1=\begin{Bmatrix}工程技术风险,财务风险,现金流风险,运营风险,\\目标市场竞争风险\end{Bmatrix}$$

$$U_2=\begin{Bmatrix}产品结构设计风险,信用增级风险,信用评级风险,\\产品定价不当风险,流动性风险\end{Bmatrix}$$

$U_3=\{承销商风险,受托人风险\}$

$U_4=\{利率风险,通货膨胀风险,同类产品竞争风险\}$

$$U_5=\begin{Bmatrix}重大水利工程相关法律政策调整风险,\\资产证券化相关法律政策调整风险,税收政策调整风险\end{Bmatrix}$$

$U_6=\{操作风险,不可抗力风险\}$

② 建立评语集。

根据对相关基础设施项目资产证券化的风险评价研究的总结和归纳,在本研究中,风险评价等级分为 5 级:$V=\{V_1,V_2,V_3,V_4,V_5\}=\{$低,较低,一般,较高,高$\}$,相应的加权向量 $P=\{1,2,3,4,5\}$,最终得到的评语集包括以下 5 个评价区间:1~1.8 为"低";1.8~2.6 为"较低";2.6~3.4 为"一般";3.4~4.2 为"较高";4.2~5 为"高"见表 6-12。

表 6-12　风险评价评语集

	综合评价值 F	风险等级
重大水利工程项目资产证券化风险评价评语集	$0<F\leqslant1.8$	低
	$1.8<F\leqslant2.6$	较低
	$2.6<F\leqslant3.4$	一般
	$3.4<F\leqslant4.2$	较高
	$4.2<F\leqslant5$	高

③ 建立模糊判断矩阵 R。

第一,确定定性指标隶属度。

按照上文的评价集标准,针对 6 个因素集中的指标,邀请具备足够知识和业务能力的专家打分,在确定每个风险评估级别的专家人数之后,每个风险评估级别的专家所占比例按专家总数的百分比计算:

$$r_{ij}=\frac{N_j}{N} \qquad (6-20)$$

式中,r_{ij} 表示认为第 i 个指标因素风险等级为 V_i 的专家人数在专家总数中的所占比重;

N_j 为认为第 i 个指标因素风险等级为 V_i 的专家人数;

专家总人数由 N 来表示。

第二,确定定量指标隶属度。

首先要进校标准化,通过对不同单位、不同取值量级的定量指标进行无量纲处理,从而得到标准值。此处需区分指标与风险之间的相关性关系:

对于正指标(指标值越大越好),有:

$$r=\frac{x-x_{\min}}{x_{\max}-x_{\min}} \qquad (6-21)$$

对于负指标(指标值越小越好),有:

$$r=\frac{x_{\max}-x}{x_{\max}-x_{\min}} \qquad (6-22)$$

适度指标(指标值却接近 R 越好),有:

$$r=\begin{cases}1-\dfrac{R-x}{\max\{R-x_{\min},x_{\max}-R\}},x_{\min}<x<R1,x=R\\1-\dfrac{x-R}{\max\{R-x_{\min},x_{\max}-R\}},R<x<x_{\max}\end{cases} \quad (6-23)$$

式中,r 为处理后的标准值;

x 为实际值;

$x_{\max}$ 为指标值中的最大值;

$x_{\min}$ 为指标值中的最小值;

R 为评分制中的指标适度值。

进一步,建立指标对应上文的五个评价等级隶属函数:

$$u_i=\begin{cases}低:u_1=e^{-25(r-0)(r-0)\ln 2}\\较低:u_2=e^{-25(r-1/4)(r-1/4)\ln 2}\\一般:u_3=e^{-25(r-2/4)(r-2/4)\ln 2}\\较高:u_4=e^{-25(r-3/4)(r-3/4)\ln 2}\\高:u_5=e^{-25(r-1)(r-1)\ln 2}\end{cases} \quad (6-24)$$

此时,将所得到的结果进行归一化处理,即可得到指标的最终隶属度。

第三,构建隶属度向量矩阵。

对隶属函数进行归一化处理,结合前面计算出的定性和定量指标隶属度,便有了各类指标的模糊评价矩阵:

$$R=\begin{bmatrix}r_{11}&\cdots&r_{1n}\\\vdots&\cdots&\vdots\\r_{m1}&\cdots&r_{mn}\end{bmatrix} \quad (6-25)$$

式中,m 为因素集中指标因素个数($i=1,2,\cdots,m$);

n 为风险等级个数($i=1,2,\cdots,n$)。

第四,单因素评价。

结合权重向量和模糊判断矩阵便可实现单因素评价,评价结果用向量 E 表示:

$$E_i = \omega_i \cdot R_i \quad (6-26)$$

$i=1,2,\cdots,\omega_i$ 为对应一级指标下二级指标权重集,R_i 为对应二层次评价隶属度矩阵,它由三层次评价隶属度向量构成：

$$R_i = [E_{i1},\cdots,E_{ij}]^T \quad (6-27)$$

第五,计算综合评价值：

$$E_{ij} = \omega \cdot E^* \quad (6-28)$$

其中,ω 为一级指标权重级,

$$E^* = [E_1,\cdots,E_i]^T 。\quad (6-29)$$

各级最后评价得分：

$$F = E \cdot P^T \quad (6-30)$$

综合评价结果 F 是一个具体数值,且取值范围在 $1\sim5$ 之间。F 对应的即为被评价对象资产证券化的风险程度,服从评价集等级划分。简而言之,数值越大风险越高,数值越小风险越低。

6.4 本章小结

本章首先基于资产证券化风险来源与识别、积聚与爆发、风险扩散等不同阶段,分析了长江大保护中重大水利工程 PPP 项目资产证券化风险形成过程;其次,按照来源不同,总结出长江流域重大水利工程 PPP 项目的资产证券化主要包括重大水利工程项目风险、资产证券化交易结构风险等 6 类风险;最后,基于前面两小节的分析,进一步深入分析决策者在发起长江流域重大水利工程 PPP 项目的资产证券化过程中应该考虑的主要风险因素,使用层次分析法与模糊数学等方法,构建长江大保护中重大水利工程 PPP 项目资产证券化风险评价模型。

第七章 重庆 G 水利枢纽工程案例研究

7.1 重庆 G 水利枢纽工程案例基本情况介绍

7.1.1 基本概况

(1) 重庆 G 水利枢纽工程基本概况

重庆市是我国特大型城市、四个直辖市之一和五大中心城市之一,然而其水源结构相对简单,目前主要依靠长江和嘉陵江供水,整个重庆对这两条主要河流的水源依赖程度很高。为了满足主城区城市供水需求,提高重庆市主城区应急备用供水水平,同时希望为城市经济建设与发展提供重要支撑,重庆市决定兴修 G 水库,提高水资源调控水平和保障能力。

G 水库是建设在重庆市主城区范围内的第一个大型水库,也是重庆市主城区非常重要的战略后备水源。同时 G 水利枢纽工程也属于国务院确定的 172 项重大水利工程,是首批社会资本参与重大水利工程建设和运营的试点项目之一(见图 7-1)。

图 7-1 重庆 G 水利枢纽工程效果图

项目建设在巴南区东双胜村的五布河干流,距重庆主城约 30 公里。水库工程包括大坝枢纽工程和输水线路工程。大坝工程包括了主坝、副坝、溢洪道等部分。其中,主坝为混凝土面板堆石坝,坝体轴线长 305.1 米,坝高最高处为 58.9 米,正常蓄水位 281 米;副坝为土石坝,长 18.5 米,坝高最高处 2.5 米;溢洪道布置在主坝右岸附近,由两孔闸门控制。输水线路工程全长 25.03 公里,其中涵洞全长 18.7 公里。G 水利工程的建设目的包括了三个方面,首先是保障重庆城区供水,其次是兼顾沿线村镇的农村生活用水、农业灌溉用水等,同时还作为重庆主城区重要的后备水源。项目建成后,出库供水量为 10 435 万立方米/年,其中城镇生产生活用水量 9 087 万立方米/年,农田灌溉用水量 1 093 万立方米/年,农村人畜饮水 254 万立方米/年。

(2)重庆 G 水利枢纽工程运作模式

在本案例中,进行 PPP 运作的合作范围包括了四个方面:一是 G 水利枢纽工程及其配套工程的投资;二是 G 水利枢纽工程及其配套工程的建设;三是 G 水利枢纽工程及其配套工程的特许经营期内城镇供水、农村人畜供水及农业灌溉的运营;四是特许经营期满后工程的移交。

G 水利工程建设采取固定总价合同的总额包干,投资总额(包括政府投资补贴)中的建设投资及其他相应费用,由中标的社会投资者包干使用。G 水利工程建设过程中，政府出资人和南岸区、巴南区根据建设进度和合同约定拨付中央、市和区补助投资至项目公司，社会投资人根据建设进度和合同要求分批将资金投入项目公司，保证社会资本配合政府投资同比例执行。重庆 G 水利枢纽工程运作模式如图 7-2 所示。

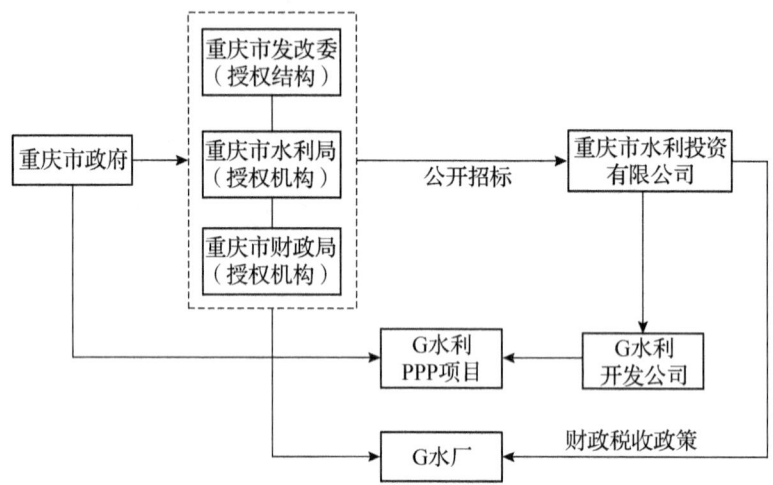

图 7-2　重庆 G 水利枢纽工程运作模式

采取 PPP 模式以来，项目进展顺利。到 2018 年 12 月，G 水利工程完成投资总额 13.44 亿元，建设计划超前完成。同时，该项目公司大胆改革水库输水涵洞施工技术，经过反复论证，采用德国先进的微盾硬岩管顶管施工技术，缩短工期 1 年作用，同时可以解决传统涵洞施工中存在的安全质量风险、复杂地形和地质条件的影响等突出问题。新改进开发出国内水利行业首项长距离、小孔径微盾构顶管施工技术，被列入水利部先进技术示范项目。

7.1.2　财务情况

（1）工程投资及投资分摊

工程静态总投资 341 806 万元，除去移民（占地）及水环保工程静态投资与建设期融资利息，工程部分静态总投资为 113 107 万元，其投资在灌溉、供水和防洪之间进行分摊。分摊比例为灌溉∶供水∶防洪＝12.69%∶84.56%∶2.75%，分摊结果见表 7-1。

表 7-1　重庆 G 水利枢纽工程投资分摊成果表

项　目	投资(万元)	分摊比例(%)
1. 工程部分静态总投资	113 107	
2. 各部门分摊投资		
城镇供水	95 643.28	84.56
灌溉(含农村供水)	14 353.28	12.69
防洪	3 110.44	2.75
合　计	11 3107	100

(2) 资金来源

该工程静态总投资 470 000 万元(含 G 水厂),其中政府出资 297 700 万元,社会资本投资人出资 172 300 万元。

表 7-2　重庆 G 水利枢纽工程资金来源表

资源配置方案	投资构成(万元)			资金来源(万元)	
	工程总投资	G 水厂投资	总投资	政府出资	投资人出资
重庆 G 水利工程	350 000	120 000	470 000	297 700	172 300

(3) 销售收入

该工程的销售收入来源有灌溉和供水。本文以设计平年(2021 年)的产量为标准计算销售收入,详情见表 7-3。

表 7-3　重庆 G 水利枢纽工程销售收入情况

	单　价	2021 年供应量	合计(万元)
灌溉	0.432 元/m³	952(万立方米)	411.26
供水	3.06 元/m³	7 942(万立方米)	24 302.52
合　计			24 713.78

(4) 财务分析

本工程不仅归属于市政府《关于印发重庆市 PPP 投融资模式改革实施方

案的通知》(渝府发〔2014〕38号)中"资源配置、合理收益类项目",还是国家发展和改革委员会《关于开展政府和社会资本合作的指导意见》(发改投资〔2014〕2724号)中的"准经营性项目"。因此本工程的财务指标表现较好,测算财务内部收益率为6%,项目特许经营年限为40年,年经营成本约为8 750万元。在推荐的水价方案实现的条件下,供水和灌溉的年财务收入约为24 713.8万元,满足年运行费支出,具备财务生存能力,并能保证工程正常运行(见表7-4)。

表7-4 重庆G水利枢纽工程财务评价指标汇总表

序号	项目	单位	指标	备注
1	总投资	万元	116 813.52	
1.1	固定资产投资	万元	113 107	
1.2	建设期利息	万元	3 552.24	
1.3	流动资金	万元	154.28	
2	出库城乡供水价	元/m³	3.06	不含增值税
3	出库灌溉水费	元/m³	0.43	
4	销售收入总额	万元	333 861.07	
5	总成本费用总额	万元	330 644.22	
6	销售税金附加总额	万元	1 199.70	
7	利润总额	万元	2 017.15	
8	盈利能力指标			
8.1	全部投资财务内部收益率	%	6	所得税后
8.2	全部投资回收期	年	40.00	所得税后
8.3	全部投资财务净现值($ic=6\%$)	万元	−120 562.18	所得税后
8.4	资本金财务内部收益率	%	小于0	所得税后
8.5	资本金财务净现值($ic=6\%$)	万元	−121 913.07	所得税后
9	清偿能力指标			
9.1	资产负债率	%	29.02	最大值

7.2 重庆 G 水利枢纽工程案例风险分担研究

7.2.1 风险因素初步识别

前面章节 3.3.2 已运用 WBS-RBS 法初步识别出一般水利工程 PPP 项目中存在的风险因素，本节将在前文研究基础上并结合重庆 G 水利枢纽工程实际情况分析该工程中所存在的风险因素。

（1）政策风险 R1

供水、灌溉、防洪、发电是国家长期健康稳定发展必不可少的因素，也属于国家大力推广并扶持的范畴。重庆 G 水利枢纽工程的开发与国家当前的产业规划与基础规划相吻合，具备很强的社会效益与经济效益。现在我国的市场经济体制逐步趋于规范，健康稳定的宏观环境是实现小康社会的重要保障。国家积极鼓励并推动水电发展的政策对重庆 G 水利枢纽工程的建设环境十分利好，往后重庆 G 水利枢纽工程建设所面临的经济与社会环境会逐步好转。政策风险属于系统性风险，任何一个项目均有面临该风险的概率，对重庆 G 水利枢纽工程而言，尚未形成制约该工程建设的关键原因。

（2）金融风险

① 通货膨胀风险 R2。

通货膨胀风险又可称为"购买力风险"，这主要指因为通货膨胀导致银行等金融机构面临成本上升或收益降低的风险，而且通货膨胀甚至会致使银行资产的实际利润降低。从资产的视角来观察，可以发现对银行而言，通货膨胀某种程度上属于"隐形税收"。

与一般的投资项目不同，重庆 G 水利枢纽工程具有投资巨大、杠杆融资高、建设投资期长、融资成本较高等特点，工程在整个前期准备、中期建设、后期运营全过程中很大程度上会面临通胀风险。

② 利率变更风险 R3。

在我国，影响利率变动的主要因素包括宏观经济环境和央行的政策。重庆 G 水利枢纽工程是涉及长期债权融资的 PPP 项目，利率变更风险是这个项目的主要风险，债权确定前后都会涉及这类风险。

（3）建设风险

① 技术风险 R4。

技术风险是指由于项目采取超前的、可信度高的、适用性强的技术，从而使得与前期策划方案有较大出入，最终致使项目建成以后生产能力使用率减小，生产成本扩大，实施效果与预期要求不相符合等。

重庆 G 水利枢纽工程作为重大水利工程，面临棘手的专业技术难题，在该工程踏勘、测量、设计、融资、采购、建设、运营维护等过程中均会面临技术风险，而且技术风险属于日常的无法避免的风险。

如果重庆 G 水利枢纽工程发生诸如坝堤损坏类似的工程安全性问题，后果将不堪设想，所以确保大坝平稳运作是急需解决的重要技术问题。为解决技术风险问题，设计团队应该保持对关键性技术难题的深入研究和解决；在重庆 G 水利枢纽工程的建设过程中应该注重对合同文本的风险管控，通过合同制约来实现风险管控；需增强工程全过程质量监督并保证项目建设质量；除了需要对整个工程、机器设备、人身安全等购买保险外，还需通过建立保险机制来降低风险损失；在运维过程中，应注重对固有资产的管理、监测和维护。

② 建造成本超支风险 R5。

建造成本超支风险属于项目完工风险的主要体现，导致成本超支的因素包括如下几点：第一，施工单位在重庆 G 水利枢纽工程的建设运营中过于铺张浪费，尚未制定规范合理的预算，从而导致浪费现象的发生，最终导致工程结算款超出预期；第二，通货膨胀、物价水平上升等因素也会出现成本超支现象的发生；第三，采用新技术导致成本超支。

重庆 G 水利枢纽工程规模庞大、参与方众多、施工过程复杂，难以避免地导致建造成本超支风险的发生。

③ 移民风险 R6。

水利工程淹没的土地较多，从而移民数量较多，这一直是制约水利工程发展的关键原因。重庆 G 水利枢纽工程移民安置点项目属于民生项目，重庆 G 水利枢纽工程移民数量虽然并不是很多，但对于当地环境承受力而言，土地容量并不富足，安置过程复杂，然而绝大多数移民需要迁出安置，这可能会导致一连串社会问题的发生。其处理方案是拟定好移民安置规划,在政府的帮助下,充分使用国家相关有利政策,将风险保持在可接受与合理范围内。

(4) 运营维护风险 R7

在重庆 G 水利枢纽工程中,运营维护风险主要体现在两个方面:一是运营成本增加;二是一旦运营不到位,会造成设施有损造成运营效率低下,如堤坝损坏而不及时补修,可能在汛期造成洪水冲击、下游村庄与农田淹没等损失。

(5) 不可抗力风险 R8

不可抗力风险通常是不可避免的,也不是人为所能控制的。不可抗力风险是指在重庆 G 水利枢纽工程中,发生了尚未预料的、无法控制的情况,如地震、台风、洪涝等自然灾害,或者政变、战争等人为灾害,从而导致该工程不能正常建成或运营。

7.2.2 基于 DEMATEL 法的关键风险因素识别

(1) 模型构建

① 提取重庆 G 水利枢纽工程风险影响因素,即为 7.2.1 中所识别出的风险因素,将其记为 R_i,$i=1,2,\cdots,8$。

② 确定重庆 G 水利枢纽工程风险影响因素之间的影响关系,以此构建初始化直接影响矩阵。评分规则为:如果 R_i 对 R_j 的影响大,则 $a_{ij}=2$;若影响小,则 $a_{ij}=1$;若没有影响,则 $a_{ij}=0$,从而得到初始化直接影响矩阵 $X=(a_{ij})_{8\times8}$,得到表 7-1。

表 7-1 初始化直接影响矩阵 X

	R1	R2	R3	R4	R5	R6	R7	R8
R1	0	1	1	0	1	2	1	0
R2	2	0	1	1	2	1	2	0
R3	1	1	0	1	2	1	2	0
R4	0	1	1	0	2	1	2	1
R5	1	1	1	0	0	0	2	0

续表

	R1	R2	R3	R4	R5	R6	R7	R8
R6	1	0	0	0	1	0	1	1
R7	1	1	1	1	1	0	0	0
R8	1	1	1	0	1	1	1	0

③ 归一化直接影响矩阵 X。将上一步得到的初始直接影响矩阵 X 的各行进行求和,设其值为 $Sum_i(i=1,2,\cdots,8)$,取最大值 Sum_{max},令 $X'=X/Sum_{max}$,可得归一化后的影响矩阵 X',如表 7-2 所示。

表 7-2 归一化的影响矩阵 X'

	$R1$	$R2$	$R3$	$R4$	$R5$	$R6$	$R7$	$R8$
$R1$	0	0.125	0.125	0	0.125	0.25	0.125	0
$R2$	0.25	0	0.125	0.125	0.25	0.125	0.25	0
$R3$	0.125	0.125	0	0.125	0.25	0.125	0.25	0
$R4$	0	0.125	0.125	0	0.25	0.125	0.25	0.125
$R5$	0.125	0.125	0.125	0	0	0	0.25	0
$R6$	0.125	0	0	0	0.125	0	0.125	0.125
$R7$	0.125	0.125	0.125	0.125	0.125	0	0	0
$R8$	0.125	0.125	0.125	0	0.125	0.125	0.125	0

④ 计算综合影响关系矩阵 T。在得到标准化矩阵 X' 后,利用公式 $T=X'(1-X')^{-1}$,从而得到综合影响因子关系矩阵 T,如表 7-3 所示。

表 7-3 综合影响关系矩阵 T

	R1	R2	R3	R4	R5	R6	R7	R8	影响度	被影响度	原因度	中心度
$R1$	0.00	0.05	0.05	0.00	0.08	0.14	0.08	0.00	0.40	0.23	0.20	0.65
$R2$	0.08	0.00	0.06	0.04	0.18	0.06	0.19	0.00	0.61	0.27	0.33	0.83
$R3$	0.06	0.06	0.00	0.04	0.18	0.06	0.19	0.00	0.59	0.17	0.45	0.78
$R4$	0.06	0.06	0.06	0.00	0.19	0.05	0.18	0.02	0.56	0.15	0.39	0.64
$R5$	0.05	0.04	0.04	0.00	0.00	0.09	0.18	0.00	0.40	0.13	0.11	0.35

续 表

	$R1$	$R2$	$R3$	$R4$	$R5$	$R6$	$R7$	$R8$	影响度	被影响度	原因度	中心度
$R6$	0.04	0.00	0.00	0.00	0.06	0.00	0.06	0.06	0.22	0.10	0.21	0.38
$R7$	0.04	0.03	0.03	0.03	0.03	0.00	0.00	0.00	0.16	0.03	0.08	0.16
$R8$	0.03	0.04	0.04	0.00	0.03	0.03	0.02	0.00	0.21	0.03	0.19	0.19

(2) 模型结果分析

由表7-3可以看出，重庆G水利枢纽工程项目风险因素的中心度排序从高到底为：通货膨胀风险、利率风险、政策风险、技术风险、移民风险、建造成本超支风险。所以，重庆G水利枢纽工程项目关键风险即为通货膨胀风险、利率风险、政策风险、技术风险、移民风险、建造成本超支风险。

7.2.3 关键风险因素分担矩阵

重庆G水利枢纽工程项目属于重大水利工程项目，具有重要的社会意义。该工程的风险分担主体有重庆市政府、重庆市水利投资集团公司和相关金融机构。在整个工程建设过程中，由于重庆市政府对政策的稳定性、项目审批延迟等政策风险具有较强的控制力和承受力，所以根据前文4.1.2中提到的"风险有效控制原则"得出，重庆G水利枢纽工程中的政策风险应由重庆市政府单独承担，其余矩阵双方共担或三方共担，具体分担矩阵如表7-4所示。

表7-4 重庆G水利枢纽工程关键风险因素分担矩阵

风险来源	风险因素	政府部门	私营机构	金融机构
政策稳定性风险	国家对水利工程项目相关政策的制定	√√		
通货膨胀风险	国内物价水平的变动		√	√√
利率变更风险	银行基准利率的变化		√	√√
技术风险	技术难度大而复杂	√	√√	
建造成本超支风险	物价上涨、劳动效率低下、工程建设标准提高、成本责任不明	√	√	√√
移民风险	土地容量有限，安置难度大	√	√√	√

7.2.4 共担风险比例分配计算

(1) 双方共担的风险

在重庆 G 水利枢纽工程中,金融风险的发生将使得金融机构面临是否能收回投资资金的风险,同时重庆市水利投资集团公司也会因为通货膨胀、利率变动等影响因素而增加自身成本。故根据"风险收益对等原则",重庆 G 水利枢纽工程中的金融风险应由重庆市水利投资集团公司和金融机构共同承担。

而该工程建设过程中遇到的风险,如设计变更风险、技术风险、质量风险等将会影响工程的建设工期、建设质量等,这与重庆市政府和重庆市水利投资集团公司息息相关。根据"风险收益对等原则",重庆 G 水利枢纽工程的技术风险应由重庆市政府和重庆市水利投资集团公司共同承担。

这两种风险的分担比例可根据第四章的效用理论模型得出,具体过程如下:

① 金融风险。

为有效应对重庆 G 水利枢纽工程中的金融风险,私营机构和金融机构的预期成本分别为 1 600 万元和 3 600 万元。在进行金融风险分配谈判时,私营机构和金融机构谈判的权重系数为 0.7 和 0.3,双方风险效应函数分别为:

$$U_2 = U_2(V_2, C_2) = -\frac{1}{810}C_2^2 + V_2 + 1$$

$$U_3 = U_3(V_3, C_3) = -\frac{1}{160}C_3^2 + V_3 + 1$$

私营机构和金融机构在没有风险因素影响下的初始效用值分别为: $U_{2,0}=1, U_{3,0}=1$。由式(4-24)得, $Cr=2\ 600$ 万元,将 $\alpha_2=0.7, \alpha_3=0.3$ 代入式(4-20)得:

$$\max f(U_2, U_3) = \max F(K) = 0.7\left[-\frac{1}{810}K^2 \times 2\ 600^2 + K(1\ 600 - 2\ 600)\right] + $$
$$0.3\left[-\frac{1}{160}(1-K)^2 \times 2\ 600^2 + (1-K)(3\ 600 - 2\ 600)\right]$$

令 $\dfrac{\partial f}{\partial K}=0$,得 $K=0.598\ 6,1-K=0.401\ 4$。

所以,对于重庆 G 水利枢纽工程金融风险而言,当私营机构承担的风险比例为 0.598 6,金融机构承担的比例为 0.401 4 时,实现效用最大化。

② 技术风险。

为有效应对重庆 G 水利枢纽工程中的技术风险,政府部门和私营机构的预期成本分别为 1 600 万元和 2 400 万元。由于政府部门处于主导地位,故在进行技术风险分配谈判时,政府部门和私营机构谈判的权重系数为 0.6 和 0.4,双方风险效应函数分别为:

$$U_1=U_1(V_1,C_1)=-\frac{1}{800}C_1^2+V_1+1$$

$$U_2=U_2(V_2,C_2)=-\frac{1}{520}C_2^2+V_2+1$$

政府部门和私营机构在没有风险因素影响下的初始效用值分别为:$U_{1,0}=1,U_{2,0}=1$。由式(4-24)得,$Cr=2\ 000$ 万元,将 $\alpha_1=0.6,\alpha_2=0.4$ 代入式(4-20)得:

$$\max f(U_1,U_2)=\max F(K)=0.6\left[-\frac{1}{800}K^2\times 20\ 00^2+K(1\ 600-2\ 000)\right]+$$
$$0.4\left[-\frac{1}{520}(1-K)^2\times 2\ 000^2+(1-K)(2\ 400-2\ 000)\right]$$

令 $\dfrac{\partial f}{\partial K}=0$,得 $K=0.397\ 3,1-K=0.602\ 7$。

所以,对于技术风险而言,当政府部门承担的风险比例为 0.397 3,私营机构承担的比例为 0.602 7 时,实现效用最大化。

(2) 三方共担的风险

根据"风险承担上限原则",在重庆 G 水利枢纽工程建造成本超支风险和移民风险应由重庆市政府、重庆市水利投资集团公司和金融机构三方共同承担。

① 建造成本超支风险。

为有效应对重庆 G 水利枢纽工程中的建造成本超支风险,政府部门、私营机构和金融机构的预期成本分别为 1 600 万元、800 万元和 1 200 万元。在进行建造成本超支风险分配谈判时,政府部门、私营机构和金融机构谈判的权重系数为 0.5、0.2 和 0.3,三方风险效应函数分别为:

$$U_1 = U_1(V_1, C_1) = -\frac{1}{720}C_1^2 + V_1 + 1$$

$$U_2 = U_2(V_2, C_2) = -\frac{1}{320}C_2^2 + V_2 + 1$$

$$U_3 = U_3(V_3, C_3) = -\frac{1}{560}C_3^2 + V_3 + 1$$

政府部门、私营机构和金融机构在没有风险因素影响下的初始效用值分别为:$U_{1,0} = 1, U_{2,0} = 1, U_{3,0} = 1$。由式(4-24)得,$Cr = 1\ 200$ 万元,将 $\alpha_1 = 0.5, \alpha_2 = 0.2, \alpha_3 = 0.3$ 代入式(4-20)得:

$$\max f(U_1, U_2, U_3) = \max F(K_1, K_2)$$

$$= 0.5\left[-\frac{1}{720}K_1^2 \times 1\ 200^2 + K_1(1\ 600 - 1\ 200)\right] +$$

$$0.2\left[-\frac{1}{320}K_2^2 \times 1\ 200^2 + K_2(800 - 1\ 200)\right] +$$

$$0.3\left[-\frac{1}{560}(1 - K_1 - K_2)^2 \times 1\ 200^2\right]$$

令 $\frac{\partial f}{\partial K_1} = 0, \frac{\partial f}{\partial K_2} = 0$,得 $K_1 = 0.209\ 3, K_2 = 0.412\ 6, K_3 = 0.378\ 1$。

所以,对于重庆 G 水利枢纽工程建造成本超支风险而言,当政府部门承担的风险比例为 0.209 3,私营机构承担的比例为 0.412 6,金融机构承担比例为 0.378 1 时,实现效用最大化。

② 移民风险。

为有效应对重庆 G 水利枢纽工程中的移民风险,政府部门、私营机构和金融机构的预期成本分别为 2 400 万元、1 600 万元和 800 万元。在进行移民风险分配谈判时,政府部门、私营机构和金融机构谈判的权重系数为 0.2、0.3 和 0.5,三方风险效应函数分别为:

$$U_1 = U_1(V_1, C_1) = -\frac{1}{210}C_1^2 + V_1 + 1$$

$$U_2 = U_2(V_2, C_2) = -\frac{1}{420}C_2^2 + V_2 + 1$$

$$U_3 = U_3(V_3, C_3) = -\frac{1}{650}C_3^2 + V_3 + 1$$

政府部门、私营机构和金融机构在没有风险因素影响下的初始效用值分别为：$U_{1,0}=1, U_{2,0}=1, U_{3,0}=1$。由式(4-24)得，$Cr=400$ 万元，将 $\alpha_1=0.2$，$\alpha_2=0.3, \alpha_3=0.5$ 代入式(4-20)得：

$$\max f(U_1, U_2, U_3) = \max F(K_1, K_2)$$
$$= 0.2\left[-\frac{1}{210}K_1^2 \times 1\,600^2 + K_1(2\,400-1\,600)\right] +$$
$$0.3\left(-\frac{1}{420}K_2^2 \times 1\,600^2\right) + 0.5\left[-\frac{1}{650}(1-K_1-K_2)^2 \times\right.$$
$$\left. 1\,600^2 + (1-K_1-K_2)(800-1\,600)\right]$$

令 $\frac{\partial f}{\partial K_1}=0, \frac{\partial f}{\partial K_2}=0$，得 $K_1=0.395\,6, K_2=0.334\,7, K_3=0.269\,7$。

所以，对于重庆 G 水利枢纽工程移民风险而言，当政府部门承担的风险比例为 0.395 6，私营机构承担的比例为 0.334 7，金融机构承担比例为 0.269 7 时，实现效用最大化。

7.3 重庆 G 水利枢纽工程资产证券化风险评价

7.3.1 重庆 G 水利枢纽工程发起资产证券化的背景及意义

根据建设进程，重庆 G 水利枢纽工程有望在 2021 年全面投入使用，累计建设投资金额达 35 亿元左右，如果加上 G 水厂，其工程规模将达到 47 亿元，将是一项巨额的基础设施存量资产。借助资产证券化，不仅可以盘活该项目的存量资金，使其实现经营盈利，而且可以倒逼项目公司在运营管理和金融业务上的能力提升,有利于重大水利工程 PPP 项目的长期良性运营,为当地经济社会的协调发展作为贡献;其次,资金盘活后自然归属投资的政府,那么无疑是对政府财政的重大利好,一方面提高了政府财政的利用效率,同时也是增加了当前政府财政的资金,为基础设施建设等民生事业的投融资提供了发展新思路;最后,作为重庆市水利建设的标志性工程,该项目的资产证券化经验可为本市乃至全国的重大水利工程项目提供样本和借鉴学习,具有十分重要的参考借鉴价值。

7.3.2 重庆 G 水利枢纽工程资产证券化融资假设

本节将对重庆 G 水利枢纽工程进行合理假设,以进行资产证券化实证验算。

首先,虽然本工程的主要资金来源为政府出资,但在当前民生支出逐渐增加、财政税收趋稳的情况下,资产证券化能够帮助政府实现提前回款,缓解财政赤字的压力,更能提高财政支出的利用效率,将有限的财政资金投资在更多需要资金的民生事业上。因此,本文合理假设在重庆 G 水利枢纽工程无外债的前提下,由本工程法人公司发起资产证券化,发行规模为 20 亿元,约占建设总投资(含水厂)的 42%。

在其他参数不变的前提下,以 20 年为计算期,每年的销售收入为 24 713.78 万元保持不变,价格年增长率为 3%。设其筹资成本为 C,年收益利息率为 i_C,筹资成本 C 包括了筹集资本金 C_0、筹资偿付利息 C_t 和管理费用 C_m。为简化计算,在此处认为筹资偿付利息等同于投资者投资收益,即每年应该偿付的利息为 $C_t = C_0 \times i_C$,管理费用取筹集资金的 2%。

(1) 测算 i_C

根据发改委、建设部颁布的标准,水库调水、供水工程的税前行业基准收益率为 4%(即 $i = 4\%$),则有:

$$S = \sum S_k(P/F, i, n) \tag{7-1}$$

式中,S 为本工程在计算期内的总收益;

S_k 为本工程在第 k 年的收益,$k = 1, 2, \cdots, 19, 20$;$n = 1, 2, \cdots, 18, 19$。

从上文易知第一年销售收入 S_1 为 24 713.78 万元,在计算期内按照每年

增长3%,带入式(7.1)中可到:

$$S = 432\ 712.3(万元)$$

又有,

$$C = C_0 + \sum C_t(P/F,i,n) + C_m \qquad (7-2)$$

式中,$t=1,2,\cdots,19,20$;$n=1,2,\cdots,18,19$。

则有,$C = 200\ 000 + 200\ 000 \times \sum i_C(P/F,4\%,n) + 4\ 000$
$\quad\quad = 204\ 000 + 200\ 000 \times \sum i_C(P/F,4\%,n)$

要使融资获得成功,收益现值和成本现值要到达平衡,即:

$$S - C = 0 \qquad (7-3)$$

于是有:

$$432\ 712.3 - 204\ 000 - 200\ 000 \times \sum i_C(P/F,4\%,n) = 0$$

$$228\ 712.3 - 200\ 000 \times \sum i_C(P/F,4\%,n) = 0$$

通过插线法可求得,$i_C = 8.09\%$。

由此可见,要使重庆G水利枢纽工程资产证券化发行成功,最起码要实现收益和成本的平衡,计算得到此时的年收益收益率为8.09%。对比我国目前债券市场的利率可发现,我国现行银行五年期的定期存款(整存整取)年利率为2.75%[①],而该值的历史最高值为4.75%。近半年十年期国债年利率在明显上涨的趋势下约为3.5%~4%,相比之下该资产证券化的8.09%年利息收益率明显胜出,具备吸引投资者的明显优势。

(2) 计算 P_t

按照 $i_C = 8.09\%$ 计算,得现金流量如表7-5所示。

---

① 数据来源:中国人民银行官网。

表 7-5 重庆 G 水利枢纽工程资产证券化期间净现金流量表

年份	净现金流量	累计净现金流量	年份	净现金流量	累计净现金流量
1	−193 597.32	−193 597.32	11	14 041.06	−82 918.54
2	5 504.84	−188 092.48	12	14 398.94	−68 519.6
3	4 460.9	−183 631.58	13	14 737.5	−53 782.1
4	10 988.3	−172 643.28	14	15 061.74	−38 720.36
5	11 491.18	−161 152.1	15	15 371.78	123 348.58
6	11 969.3	−149 182.8	16	15 664	−7 684.58
7	12 425.16	−136 757.64	17	15 943.92	8 259.34
8	12 859.78	−123 897.86	18	16 210.9	24 470.24
9	13 272	−110 625.86	19	16 463.7	40 933.94
10	13 666.26	−96 959.6	20	16 704.76	57 638.7

再根据静态投资回收期公式：

$$P_t = P_{T-1} + \frac{\text{第 } T-1 \text{ 年的累计净现金流量的绝对值}}{\text{第 } T \text{ 年的累计净现金流量}} \quad (7-4)$$

其中，T 为项目各年累计净现金流量首先出现正值的年份。

得出，$P_t = 16.93$ 年，在计算期内。故可知该项目具有稳定的现金流为各方的利益提供保障，该资产证券化融资方案是可行的。

(3) 其他资产证券化产品要素

本文对该资产证券化项目的其他产品要素比如优先级与次级产品规模比率、承销商与担保机构的选择等产品要素不再一一确定、衡量，在进行风险评估时，以市场的中上游水平为参考。

7.3.3 重庆 G 水利枢纽工程资产证券化风险结果

对"重大水利工程项目公司运营风险"等二级指标，通过问卷调查方式，并给予本案例的详细情况和资产证券化融资假设条件，邀请 23 位具备足够知识和业务能力的专家学者，根据风险评语集就重庆 G 水利枢纽工程的资产证券化融资风险进行风险等级评定。

通过对评审专家的打分和定量数据进行统计分析,情况如表7-6所示。

表7-6 重庆G水利枢纽工程资产证券化风险指标评价值表

目标层	准则层1	准则层2	r_{i1}(低)	r_{i2}(较低)	r_{i3}(一般)	r_{i4}(较高)	r_{i5}(高)
重庆G水利枢纽工程资产证券化风险评	重大水利工程PPP项目风险 U_1	工程质量风险	0	0.2	0.4	0.3	0.1
		财务风险	0	0.2	0.3	0.4	0.1
		现金流风险	0	0.1	0.4	0.4	0.1
		运营风险	0.1	0.3	0.4	0.2	0
		目标市场竞争风险	0.2	0.4	0.3	0.1	0
	资产证券化交易结构风险 U_2	产品结构设计风险	0.1	0.3	0.3	0.2	0.1
		信用增级风险	0.1	0.3	0.3	0.2	0.1
		信用评级风险	0.3	0.3	0.3	0.1	0
		产品定价不当风险	0.1	0.3	0.5	0.1	0
		流动性风险	0.2	0.3	0.3	0.1	0.1
	相关主体信用风险 U_3	承销商风险	0.2	0.5	0.2	0.1	0
		受托人风险	0.2	0.4	0.3	0.1	0
	市场风险 U_4	利率风险	0.1	0.3	0.3	0.2	0.1
		通货膨胀风险	0	0.3	0.4	0.2	0.1
		同类产品竞争风险	0.2	0.4	0.3	0.1	0
	政策风险 U_5	重大水利工程相关法律政策调整风险	0.3	0.4	0.3	0	0
		资产证券化相关法律政策调整风险	0.2	0.4	0.3	0.1	0
		税收政策调整风险	0.2	0.3	0.3	0.2	0
	其他风险 U_6	操作风险	0.6	0.3	0.1	0	0
		不可抗力风险	0.8	0.2	0	0	0

(1) 重大水利工程 PPP 项目风险

$U_1 = \omega_1 \cdot R_1$

$= (0.108\ 4\quad 0.446\ 2\quad 0.280\ 3\quad 0.076\ 7\quad 0.088\ 4) \cdot \begin{bmatrix} 0 & 0.2 & 0.4 & 0.3 & 0.1 \\ 0 & 0.2 & 0.3 & 0.4 & 0.1 \\ 0 & 0.1 & 0.4 & 0.4 & 0.1 \\ 0.1 & 0.3 & 0.4 & 0.2 & 0 \\ 0.2 & 0.4 & 0.3 & 0.1 & 0 \end{bmatrix}$

$= (0.025\ 4\quad 0.197\ 3\quad 0.346\ 5\quad 0.347\ 3\quad 0.083\ 5)$

(2) 资产证券化交易结构风险

$U_2 = \omega_2 \cdot R_2$

$= (0.366\ 1\quad 0.158\ 7\quad 0.127\ 6\quad 0.103\ 4\quad 0.244\ 2) \cdot \begin{bmatrix} 0.1 & 0.2 & 0.4 & 0.2 & 0.1 \\ 0.1 & 0.3 & 0.3 & 0.2 & 0.1 \\ 0.3 & 0.3 & 0.3 & 0.1 & 0 \\ 0.1 & 0.3 & 0.5 & 0.1 & 0 \\ 0.2 & 0.3 & 0.3 & 0.1 & 0.1 \end{bmatrix}$

$= (0.149\ 9\quad 0.263\ 4\quad 0.357\ 3\quad 0.152\ 5\quad 0.076\ 9)$

(3) 相关主体信用风险

$U_3 = \omega_3 \cdot R_3$

$= (0.560\ 9\quad 0.439\ 1) \cdot \begin{bmatrix} 0.2 & 0.5 & 0.2 & 0.1 & 0 \\ 0.2 & 0.4 & 0.3 & 0.1 & 0 \end{bmatrix}$

$= (0.2\quad 0.456\ 1\quad 0.243\ 9\quad 0.1\quad 0)$

(4) 市场风险

$U_4 = \omega_4 \cdot R_4 = (0.280\ 7\quad 0.275\ 8\quad 0.443\ 5) \cdot \begin{bmatrix} 0.1 & 0.3 & 0.3 & 0.2 & 0.1 \\ 0 & 0.3 & 0.4 & 0.2 & 0.1 \\ 0.2 & 0.4 & 0.3 & 0.1 & 0 \end{bmatrix}$

$= (0.116\ 8\quad 0.344\ 4\quad 0.327\ 6\quad 0.155\ 7\quad 0.055\ 7)$

(5) 政策风险

$U_5 = \omega_5 \cdot R_5$

$= (0.130\ 1\quad 0.343\ 7\quad 0.526\ 2) \cdot \begin{bmatrix} 0.3 & 0.4 & 0.3 & 0 & 0 \\ 0.2 & 0.4 & 0.3 & 0.1 & 0 \\ 0.2 & 0.3 & 0.3 & 0.2 & 0 \end{bmatrix}$

$= (0.213\ 0\quad 0.347\ 4\quad 0.3\quad 0.139\ 6\quad 0)$

（6）其他风险

$$U_6 = \omega_6 \cdot R_6 = (0.548\ 9 \quad 0.451\ 1) \cdot \begin{bmatrix} 0.6 & 0.3 & 0.1 & 0 & 0 \\ 0.8 & 0.2 & 0 & 0 & 0 \end{bmatrix}$$

$$= (0.690\ 2 \quad 0.254\ 9 \quad 0.054\ 9 \quad 0 \quad 0)$$

又由表7-6可知，

$$R = \begin{bmatrix} R_1 \\ R_2 \\ R_3 \\ R_4 \\ R_5 \\ R_6 \end{bmatrix} = \begin{bmatrix} 0.025\ 4 & 0.197\ 3 & 0.346\ 5 & 0.347\ 3 & 0.083\ 5 \\ 0.149\ 9 & 0.263\ 4 & 0.357\ 3 & 0.152\ 5 & 0.076\ 9 \\ 0.2 & 0.456\ 1 & 0.243\ 9 & 0.1 & 0 \\ 0.116\ 8 & 0.344\ 4 & 0.327\ 6 & 0.155\ 7 & 0.055\ 7 \\ 0.213\ 0 & 0.347\ 4 & 0.3 & 0.139\ 6 & 0 \\ 0.690\ 2 & 0.254\ 9 & 0.054\ 9 & 0 & 0 \end{bmatrix}$$

而准则层权重为：

$$\omega = (0.427\ 2 \quad 0.260\ 1 \quad 0.078 \quad 0.121\ 7 \quad 0.079\ 3 \quad 0.033\ 7)$$

因此，

$$U = \omega \cdot R$$
$$= (0.427\ 2 \quad 0.260\ 1 \quad 0.078 \quad 0.121\ 7 \quad 0.079\ 3 \quad 0.033\ 7) \cdot$$

$$\begin{bmatrix} 0.025\ 4 & 0.197\ 3 & 0.346\ 5 & 0.347\ 3 & 0.083\ 5 \\ 0.149\ 9 & 0.263\ 4 & 0.357\ 3 & 0.152\ 5 & 0.076\ 9 \\ 0.2 & 0.456\ 1 & 0.243\ 9 & 0.1 & 0 \\ 0.116\ 8 & 0.344\ 4 & 0.327\ 6 & 0.155\ 7 & 0.055\ 7 \\ 0.213\ 0 & 0.347\ 4 & 0.3 & 0.139\ 6 & 0 \\ 0.690\ 2 & 0.254\ 9 & 0.054\ 9 & 0 & 0 \end{bmatrix}$$

$$= (0.119\ 8 \quad 0.266\ 4 \quad 0.325\ 5 \quad 0.225\ 8 \quad 0.062\ 4)$$

将U归一化后得到模糊综合评价集U'，

$$U' = (0.119\ 8 \quad 0.266\ 4 \quad 0.325\ 5 \quad 0.225\ 8 \quad 0.062\ 4)$$

最终得到综合评价值，

$$F = U' \cdot V^T$$

$$= (0.119\ 8 \quad 0.266\ 4 \quad 0.325\ 5 \quad 0.225\ 8 \quad 0.062\ 4) \cdot \begin{pmatrix} 0.9 \\ 2.2 \\ 3 \\ 3.8 \\ 4.6 \end{pmatrix}$$

$$= 2.815\ 9$$

同理可得,

$$F_1 = U'_1 \cdot V^T = (0.025\ 4 \quad 0.197\ 3 \quad 0.346\ 5 \quad 0.347\ 3 \quad 0.083\ 5) \cdot \begin{pmatrix} 0.9 \\ 2.2 \\ 3 \\ 3.8 \\ 4.6 \end{pmatrix}$$

$$= 3.200\ 3$$

$$F_2 = U'_2 \cdot V^T$$

$$= (0.149\ 9 \quad 0.263\ 4 \quad 0.357\ 3 \quad 0.152\ 5 \quad 0.076\ 9) \cdot \begin{pmatrix} 0.9 \\ 2.2 \\ 3 \\ 3.8 \\ 4.6 \end{pmatrix}$$

$$= 2.719\ 4$$

$$F_3 = U'_3 \cdot V^T = (0.2 \quad 0.456\ 1 \quad 0.243\ 9 \quad 0.1 \quad 0) \cdot \begin{pmatrix} 0.9 \\ 2.2 \\ 3 \\ 3.8 \\ 4.6 \end{pmatrix}$$

$$= 2.295\ 1$$

$$F_4 = U'_4 \cdot V^T$$

$$= (0.116\ 8 \quad 0.344\ 4 \quad 0.327\ 6 \quad 0.155\ 7 \quad 0.055\ 7) \cdot \begin{pmatrix} 0.9 \\ 2.2 \\ 3 \\ 3.8 \\ 4.6 \end{pmatrix}$$

$$= 2.692\ 9$$

$$F_5 = U'_5 \cdot V^T$$

$$= (0.213\,0 \quad 0.347\,4 \quad 0.3 \quad 0.139\,6 \quad 0) \cdot \begin{pmatrix} 0.9 \\ 2.2 \\ 3 \\ 3.8 \\ 4.6 \end{pmatrix}$$

$$= 2.386\,5$$

$$F_6 = U'_6 \cdot V^T$$

$$= (0.690\,2 \quad 0.254\,9 \quad 0.054\,9 \quad 0 \quad 0) \cdot \begin{pmatrix} 0.9 \\ 2.2 \\ 3 \\ 3.8 \\ 4.6 \end{pmatrix}$$

$$= 1.346\,6$$

综上,重庆 G 水利枢纽工程资产证券化风险评价最终结果见表 7-7。

表 7-7 重庆 G 水利枢纽工程资产证券化风险评价结果

	评价得分	评价等级	一级指标	评价得分	评价等级
重庆 G 水利枢纽工程资产证券化风险 U	2.815 9	一般	重大水利工程 PPP 项目风险 U_1	3.200 3	一般
			资产证券化交易结构风险 U_2	2.719 4	一般
			相关主体信用风险 U_3	2.295 1	较低
			市场风险 U_4	2.692 9	较低
			政策风险 U_5	2.386 5	较低
			其他风险 U_6	1.346 6	低

7.3.4 重庆 G 水利枢纽工程资产证券化风险分析

表 7-7 的结果是重庆 G 水利枢纽工程资产证券化的整体风险表现,同时各个风险评价子指标因素的风险等级也在表中得以清晰地体现。作为发起人在发起资产证券化融资前的重要决策参考,这些信息可以帮助发起人快速

锁定潜在的高风险来源进而通过各类提前安排实现合理规避风险,减轻损失,具有现实的参考意义。

(1) 总体评价结果分析

考察重庆 G 水利枢纽工程资产证券化的总体风险为一般等级,具有融资可行性。通过模糊层次分析法的结果分析可知,在重庆 G 水利枢纽工程资产证券化的六大风险类别中,发起人可能面对的工程项目风险的可能性最高和遭受的损失最大,故重大水利工程 PPP 项目风险属于重点风险因素,应当给予重点关注;资产证券化交易结构风险的影响程度其次,亦值得关注;市场风险、政策风险和相关主体信用风险相对较小,风险等级皆为较低风险;其他风险的影响最小,为低风险。

这一结果是符合现状的。资产证券化的本质是基于基础资产未来的现金流构建交易架构实现融资,故其核心是基础资产和 SPV 这两个因素,那么易知相关联的风险因素为重大水利工程 PPP 项目风险和资产证券化交易结构风险。同时,相关主体信用风险在发起人选择了信用良好的承销商和第三方担保机构时是完全可以降低到理想水平的。而我国稳定的经济和政治制度环境下,虽然在资产证券化和基础设施项目向社会融资方面的法律法规和税收政策等还不能完成适应实践的需求,但是在完备的基本的法律政策体系下,我国政府在大力推进资产证券化的同时也出台了诸多引导性政策和操作指南,前期的试点项目也为相关问题的解决提供了借鉴模板。因而,政策风险对发起人的影响总体还是比较小的。同样地,其他风险中的操作风险和不可抗力风险在严格的工作规范下也是可控的。

(2) 重点风险因素分析

项目风险和资产证券化交易结构风险是重大水利工程 PPP 项目资产证券化开展需要应对的重点,这两类风险都为内部风险,说明资产证券化风险主要取决于基础资产的好坏和发起运行的顺畅与否。

在项目风险中,应该发挥发起人的主观能动性,在充分保证工程质量的前提下,提高运营水平、加强财务管理,保障项目的现金流的稳定,即在工程质量风险和运营风险等方面的重视。我国资产证券化的实践仍处于起步阶段,具体到水利工程资产证券化更是寥寥无几,所以相关的经验和技术均存在不成熟、不完善之处。这就可能存在隐患：不管是发起人、专门的服务机构还是投资者都可能在资产证券化的操作实践上出现差错。因此，一方面发起人要慎重选择具有良好业务能力的服务人、管理人、担保机构、评级机构等专门服务机构；另一方面，发起人应当对内部的相关工作人员进行专业培训，以达到管控整个交易过程、规避风险的目的。

综上，重庆 G 水利枢纽工程资产证券化的整体风险程度为一般等级，说明该融资项目具有较好的可行性，可成为该项目公司的一种融资方式。但项目公司在发起资产证券化时仍应主动采取措施来应对项目工程风险和资产证券化交易结构风险，做好风险的预防与应对，尽量避免风险、降低损失。

7.4 本章小结

本章首先介绍了重庆 G 水利枢纽工程概况、运行期管理机构设置、工程投资分析等基本情况；其次，运用 DEMATEL 方法识别出重庆 G 水利枢纽工程中所面临的政策风险、通货膨胀风险、利率风险、技术风险、建造成本超支风险、移民风险等关键风险，并构建重庆 G 水利枢纽工程关键风险因素分担矩阵，并基于效用理论模型计算出双方或三方共担风险分配比例；最后，基于重庆 G 水利枢纽工程资产证券化基本情况，评价其资产证券化风险。

第八章　长江大保护中重大水利工程 PPP 项目融资风险应对

8.1 加强项目工程质量与运营管理

在对重庆 G 水利枢纽工程案例的风险分担研究和资产证券化风险评价研究中可以看出以下两点内容：第一，通过 DEMATEL 法识别出重庆 G 水利枢纽工程项目的关键风险包括了通货膨胀、利率、政策、技术、移民、建造成本超支等方面的风险，这些风险如果不能及时准确地识别，将会对项目的工程质量产生不同程度的影响。第二，通过对重庆 G 水利枢纽工程项目资产证券化风险评价，我们发现控制项目工程质量风险和运营风险是该项目资产证券化的根本，也是资产证券化正常运作的现金流的基本保障。将重庆 G 水利枢纽工程项目作为典型案例进行分析，可以进一步分析出长江大保护中重大水利工程 PPP 项目的一些关键风险，进而对长江大保护中重大水利工程 PPP 项目的融资风险提出相应的应对之策。因此，我们应当从重大水利工程 PPP 项目工程质量和运营管理两个方面重点布局，从而逐步降低长江大保护中重大水利工程 PPP 项目的融资风险。

8.1.1 提高项目工程质量

在长江大保护重大水利工程 PPP 项目的建设过程中,应当做好 PPP 项目的工程设计、施工和监理工作。首先,PPP 项目工程设计是提高 PPP 项目工程质量的基本因素,同时也是决定性因素,一旦图纸出现重大错误将会导致整个 PPP 项目的失败,从而可能造成巨大的经济损失甚至其他意外工程事故。其次,施工的质量好坏也会影响 PPP 项目的工程质量,如施工质量会影响 PPP 项目的使用年限和经营能力,质量不合格的工程势必会对项目的投产和运营带来不良影响。最后,监理工作也是提高项目工程质量的重要方面,专业、独立和负责的监理机构是工程质量的良好保障。在选择单位进行合作时,应该通过公平公正公开的招标选取资质优良、经验丰富、认真负责的相关单位,尤其是要排除出现过重大工作事故的单位。除此之外,需要通过合同签订来有效制约合作单位的行为,最终达到良好的工程质量。

8.1.2 设立专业管理机构

近二三十年来,PPP 模式逐渐兴起,全球各国都还处于摸索阶段,但是对于成立全国性的 PPP 专业管理机构达成了共识。PPP 专业管理机构的工作人员主要是对政府和私人部门业务熟悉的专家,如律师、工程师、经济学家等。目前,中国的 PPP 模式项目主要采用的管理方式是一事一议,这种方法会使得 PPP 模式项目参与主体未明确项目中各自所承担的责任,缺少重要的激励作用,从而让该模式的精确性、专业性不够,对 PPP 模式项目的推广应用产生阻碍效应。

PPP 专业管理机构的设立可以有效提高项目资金的使用效率、保证重大水利工程 PPP 项目的营运、减小重大水利工程 PPP 项目的风险。并且 PPP 专业管理机构可以保障私人部门所建立的公共产品与公共服务的价格合理与高质量。为了确保专业管理机构可以保持有效的运转,行业的主管部门、PPP 模式项目的政府主管部门以及相关部门需要进行合理的协调、沟通、管理和监督,降低政府的信用风险。技术的支持是完成重大水利工程 PPP 项目的关键所在,在提供技术支持方面,专业管理机构可以建立专门的网络平台,利用大数据在网络上对重大水利工程 PPP 项目进行监督管理;政府一方面需要制定与完善基础设施项目的建设操作程序和细则,另一方面需要对项目的可行性报告以及评估报告制定严格的规范化标准,为防范项目风险严格规定评估内容。

8.1.3 加强人员素质管理

人员的素质管理主要包括人员的自身管理、团队的整体提升以及专业人才的培养,为此应该建立良好的人员管理制度,对工作中可能遇到的情况的处理流程进行详细规定,提高工作效率。首先,在长江大保护重大水利工程PPP项目建设过程中,加强项目组的团队建设和业务培训,营造出一个学习型、团结型、富有战斗力的项目管理团队,使得每个项目组成员不仅明白自己的岗位工作,还能了解相关岗位,掌握项目运营管理的基础知识和处理一般问题的能力。其次,团队的整体提升一是来源于团队人员其本身的素质,二是科学高效的考核制度的推动,应该摒弃"国企""央企"的不作为毛病,用考核来提高运营效率和质量。依据项目的评估指标以及经营责任对其进行考核,同样若是项目亏损、发生重大质量安全事故和经营违法行为,要给予相应的处罚,从而加强项目的运营管理水平。最后,由于长江大保护重大水利工程PPP项目的建设以及运行都十分复杂,所以该项目所需的人才与官员需要具有相关项目的实践考察和获得专业知识的培训的经历。同时专业化中介机构的建立、政府相关政策的支持、相关技术的提供对项目的运营起到了重要的作用。长江大保护中重大水利工程PPP项目的实施将是理论知识与实践结合起来,由于建设运营的复杂性使项目会关联到多个专业领域,如果没有专业人才的支撑,项目就无法继续进行下去。例如,长江大保护重大水利工程PPP项目能够建设和运营的重要条件就是具有懂得财务、法律、专业技术等方面的人才,因此复合型人才可以推动项目有效建设运营,提高公共部门与私人部门对长江大保护重大水利工程PPP项目建设的信心,确保项目顺利高质量的完成。

8.1.4 建立激励约束机制

政府公共部门、社会资本以及金融机构等都可以成为重大水利工程PPP项目建设的参与主体,每一个主体所承担的责任、利益追求、关注重点均有不同。对于政府部门而言,需要将提供以及购买公共服务的职能分开。政府要将精力花在政策的制定等可掌控全局的职能方面,将职责要放在合理引导私人部门社会资本参与公共产品建设,以及监督项目合同的执行情况上。由于私人部门参与公共产品建设的目的是在于后期可以获得一定的经济利润,开展一些重要核心的业务,使公司可以保值或者增长。因此私人部门对参与PPP模式项目的积极性高低在于政府是否可以提供一些足够吸引私人部门的激励措施,以及私人部门自身的社会责任感强弱。这种私人部门责任感作为一种内部激励因人而异,难以得出精准的评判。而政府的激励措施作为一种外部激励更加具有具体性,意义重大。由此可见,PPP模式项目的顺利实施需要提供外部激励,政府需要设计制定出公平合理的争端解决机制、支付机制以及合同调整机制,其中动态价格机制的作用尤为重要。例如,对比事先规定的服务标准与私人部门提供的服务,如果私人部门提供的服务未达到事先规定的服务标准,便会通过降低服务费来惩罚私人机构且要求私人机构整改。同样地,如果私人部门提供的服务质量达到优质水平,则可以给予其奖励。

8.2 做好财务规划降低违约风险

由于传统的重大水利工程项目投入资金巨大,建设周期长等特点,重大水利工程项目的财务风险日益加剧,在长江大保护中引入 PPP 模式,以资产的未来收益融资,可以解决前期资金投入过大问题,但长江大保护中重大水利工程 PPP 项目在实施过程中同样存在违约风险,因此长江大保护中重大水利工程 PPP 项目中标企业必须加强其财务规划,对长江大保护中重大水利工程 PPP 项目的财务风险进行监控,及时发现项目违约风险,才能降低长江大保护中重大水利工程项目受违约风险带来的消极影响,保障长江大保护中重大水利工程 PPP 项目按时优质完成。

8.2.1 树立财务风险控制的科学理念

进行高效合理的财务风险控制无法脱离人这一因素,因此企业管理者需要树立财务风险控制的科学理念。管理者要尽量降低人为扰乱干预的可能性,重点落在企业财务风险控制的规范化与制度化发展。在工作中,提高员工的财务风险控制与防范意识,积极落实各项财务管理制度。

先进的技术手段对财务风险控制起到重要作用,这些先进技术手段应用不仅可以降低人为差错所产生的风险,而且可以提升工作效率、节约人力成本。例如,网络科学技术的发展对财务管理行业影响巨大,在财务管理核算中,相应的软件成为必备品,及时升级软件更新技术,可以有效降低企业的财务风险,提高企业财务风险控制水平。

然而,过于消极被动的重大水利工程PPP项目财务风险控制理念并不适合水利工程市场的激烈竞争。加强长江大保护中重大水利工程PPP项目的财务风险控制,必须要树立科学的财务风险控制理念。一方面,培养专业的财务管理人员,把握财务风险管理的预测、决策制定与处理等各方面,强化财务信息安全管理;另一方面,需要创造积极的风险控制氛围、树立高度的风险意识,提高财务人员的财务风险控制与防范意识,让他们拥有快速识别风险类型,合理做出应对的能力。

8.2.2 提升财务环境的适应性

提升财务环境的适应性分为两个方面,包括优化整合业务的流程、落实各项规章制度与完善专业监督检查制度。增强企业的财务风险控制管理的基础是制度建设,所以为了制定的制度更加具有实践性,需要依据企业自身的实际发展水平以及市场实际情况相结合,全面梳理现有业务的现实状况。总的来说,要明确各岗位的主要职责所在,以此为依据进行考核,提供奖励或惩罚。同时构建高效长期的企业财务风险控制制度体系。另一方面,企业财务风险控制和运行质量需要进行独立性的稽核以及修正,核查和监督在项目建设中占据重要地位。为了更好地进行核查监督,需要做到以下两点:第一,要建立具有企业财务监督核查权力部门,并且这个部门具有独立性质,可以进行垂直管理下属。垂直管理是指在企业一级管理层人员负责制下,企业一级法人掌握企业财务监督与管理制度、财务风险控制人事任免权与行政管理权。第二,在依据企业实际状况的条件下,建立量化财务管理与监督指标体系,进一步加强企业的财务风险控制。

由于目前中国的法制以及经济体制尚不健全,重大水利工程PPP项目所面临的融资风险、市场风险十分复杂,并且破坏力大。PPP项目的一个特点是在招标阶段选定中标者之后,政府与中标者先草签特许权协议,中标者要凭借草签的特许权协议在规定的融资期限内完成融资,特许权协议才可正式生效。在湖南某电厂项目中,发展商因没能完成融资而被取消资格没收了投标保函。所以提升财务环境的适应性是控制财务风险的必要措施,也是做好财务规划的必要前提与保障。长江大保护中重大水利工程PPP项目中标企业需要具备统筹兼备、总揽全局的能力,时刻保持清醒,具有防患意识,面对危机企业要及时合理制定应对的策略以及长远的发展规划。

8.2.3 健全财务风险内部监控制度

完善的内部监控制度可有效减轻系统风险。运用本文构建的长江大保护中重大水利工程PPP项目资产证券化风险评价模型,对重庆G水利枢纽进行案例分析,结果表明,重庆G水利枢纽PPP项目资产证券化的整体风险等级为一般水平,其中重大水利工程项目风险为最突出的关键风险,其次为资产证券化交易结构风险,说明风险主要来源于内部。因此长江大保护中重大水利工程PPP项目中标企业应该构建并实施工程项目财务风险内部监控制度。首先,在分析重大水利项目PPP项目建设特点的基础上,设立内部机构,明确决策、执行、监督的不同权责,从而形成具有科学性和实用性的责任分工制度。其次,更加严格地监督管理项目资金,完善管理资金使用的审批程序,高效监控重大水利项目PPP项目财务风险控制中存在的问题。最后,对项目工程造价的财务风险进行内部监控,在PPP项目中遵循工程量清单计价标准。

8.2.4 完善招投标机制

2016年以来,在国家发改委和证监会的大力推动下,首批PPP项目资产证券化产品在短时间内迅速落地,带动了PPP项目资产证券化的标准化进程。但是,基于PPP项目为高政策黏合性项目,资产证券化的推广仍然需要建立支持PPP项目资产证券化的相应法律体系与制度规范,其中具体包括PPP项目资产证券化的统一发行、上市和交易规则,以及在此基础上的基础资产出表真实出售、增信标准等细则。就该类问题,建议我国在真实出售问题上可以借鉴学习国外先进的制度设计,其中完善招标机制就占据重要地位。

完善招标机制首先应该根据长江大保护中重大水利工程PPP项目实际

情况制定严格的招标程序。其次,招标单位设立专业评标委员会,对投标单位进行全面、严格的专业评价考核。除此之外,整个招标过程应该严格按照《招标投标法》和《招标范围和规模标准规定》等相关规定章程来进行,以确保公平、公正、公开。最后,长江大保护中重大水利工程施工单位应招募专业人员设立招投标监督管理机构,更加全面、规范地监督招标过程。

8.2.5 建立有效的财务风险预警机制

有效的金融风险警报系统通过收集预先发生的信息,提前感知财务危机,如协助管理人员找出企业状况恶化的原因,帮助企业家找到危机根源,从而使经营者能够采取预防和控制措施,以避免更大的潜在风险损失,在危机开始前提前预防部署。金融机构风险预警系统的建立必须遵循以下六项原则:科学性、系统性、预测性、动态性、及时性和有效性,并加强信息管理、协调各子系统的关系、完善内部控制制度。

8.3 提高资产证券化交易结构的科学性

长江大保护中重大水利工程项目建设资金需求巨大,且其可因灌溉、供水、发电、旅游等产业获得稳定可靠的销售收入,具备稳定的预期现金流,因此其满足资产证券化的基本条件,利用资产证券化融资成本低、破产隔离保障等特点进行我国基础设施建设的融资已成为新兴手段。由于我国资产证券化交易模式还处于摸索阶段,其交易结构有待于进一步优化,主要可从以下4个方面入手。

8.3.1 加强顶层设计

PPP模式属于一种公私合作模式,近几年来在公共基础建设领域和公共服务领域取得了较大的成果,也是我国这几年大力支持的一种合作模式。政府与社会资本双方在公共基础建设以及公共服务项目的PPP模式中可以发挥各自优势,使双方都能获得较大利益。但PPP项目的资金需求规模较大且持续时间较长,融资问题是政府与社会资本都较为关注的问题。PPP资产证券化作为一种创新产品,可解决PPP项目的融资困难且成本较大的困境,开拓新的融资渠道。我国PPP资产证券化起步较晚,PPP资产证券化顶层设计并不完善,缺少相匹配的法律法规制约,操作流程没有统一完善的标准,这些问题都阻碍了我国PPP资产证券化的发展,产生了各种各样的风险。

当前我国开展PPP资产证券化最重要的任务是完善PPP资产证券化的顶层设计和推进相关法律制定。尽快统一政策文件中的不同观点,避免因为理解点不同而导致PPP资产证券化运作的失败;完善法律法规框架,澄清先前法律中的模棱两可之处,确定不同相关主体的责任与义务,制定破产分离机制的法律地位;建立明确的风险管理与信息披露系统,有利于从根源控制风险。

PPP资产证券化的本质是为了给PPP项目提供更多的融资渠道,吸引社会资本,为PPP项目的发展做出更大的贡献。只有政府制定立法工作,为PPP资产证券化提供法律保障与操作程序,加强政府相关部门监督管理力度,避免刚性兑付风险,减少参与主体的风险概率,进而才能吸引更多的社会资本参与到相关项目和基础设施建设中。

基于本文对重庆G水利枢纽工程的实证研究与结论,认为在长江大保护重大水利PPP项目资产证券化过程中可从两个方面进行顶层设计,一方面构建完整的重大水利工程PPP项目资产证券化政策体系,推动制定专门、统一的PPP项目资产证券化政策文件。对阻碍发展的问题进行合理调整,确立统一的发行、上市和交易规则,为重大水利工程PPP项目资产证券化业务的发展提供规范、合理的法律框架。另一方面,长江大保护中重大水利工程PPP项目主管部门应协同证监会推动完善相关配套措施。针对资产证券化过程中经营权转让、真实出售、破产隔离等各个环节的相关问题加以明确,为长江大保护中重大水利工程PPP项目开展资产证券化扫清障碍,积极推动重大水利工程PPP项目资产证券化发展。

8.3.2 搭建投资主体多元化的市场退出机制

经过长时间的发展,我国资产证券化一级市场活跃度很高,成为世界第二大资产证券化市场。相比而言,资产证券化二级市场发展规模却处于一般水平。一级市场为我国PPP资产证券化产品的发展提供发行渠道,二级市场的主要作用是保持产品的流动性。提升二级市场的活跃度可以更好地推动一级市场的产品和业务顺利发行，使定价更为合理，形成市场的良性循环。由此可见，二级市场对PPP资产证券化影响深远，如果二级市场流动性不足会制约我国PPP资产证券化的发展。

我国资产证券化二级市场目前发展情况并不乐观，可能是由于二级市场的存量规模有限，可交易的产品数量不足以支撑行业更好地发展。我国PPP资产证券化产品仍然处于产品发展初期，存在许多问题，如产品结构复杂、标准化程度低，信息披露不够全面透明，一、二级市场之间联动作用较小，投资者难以利用现有的市场信息和行业发展情况预估产品风险，导致参与的投资者较少。

因此，政府及相关部门应完善二级市场交易机制，增加其流动性。首先，制定具体的条例法规，规范PPP资产证券化相关证券化产品的做市商业务，增加交易量，连续的购买和销售价格成为信息，为投资者提供信息渠道，并确保二级市场的安全；其次，可以为PPP资产证券化产品建立科学合理的估值体系，使投资者能够直观了解产品的实际价值，增强投资者的投资信息，减少投资风险，增加市场的流动性；最后，增加便捷的质押体系，提高资产证券化产品的吸引力和流动性。

搭建投资主体多元化的市场退出机制，有助于完善二级市场的交易机制，提高长江大保护中重大水利工程PPP项目资产证券化产品的流动性，具体如下：其一，推出针对重大水利工程PPP项目资产证券化产品的标准券质押式回购交易机制，允许开展标准券质押式回购，减小投资者的投资风险，能提升产品吸引力和流动性，吸引更多的投资机构；其二，重点扩大并严格管理重大水利工程PPP项目资产证券化产品交易平台，可以借鉴公司债的分类管理方式，对长江大保护中重大水利工程PPP项目资产证券化产品制定一定的标准，符合标准的产品可同时在交易所集中竞价系统、固定收益平台、大宗交易系统等平台进行交易；其三，允许公募发行，做大市场规模，吸引更多的投资个人和投资机构，增强资金流动性。

8.3.3　努力实现资产证券化交易过程中风险的合理分配

PPP项目资产证券化推广过程中风险防范不可忽视。与其他金融创新产品一样，PPP 项目资产证券化也会放大风险，这种放大主要体现在是否存在转移项目风险的问题，尤其是目前针对 PPP 项目进行资产证券化并不强制要求项目必须进入运营期，这就使得 PPP 项目本身所处阶段不同而情况也比较复杂，风险更具有多元化特征。因此，必须建立针对 PPP 项目资产证券化的风险防范机制、违约处置机制和市场化增信机制，研究完善相关信息披露要求，造成资产证券化的 PPP 项目信息披露公开透明，确保项目有序推进，以推动 PPP 项目资产证券市场健康有序发展。

PPP 资产证券化的本质是以项目收益为基础资产，通过结构化设计发行证券产品，为了增强资产流动性、满足融资需求、吸引更多的社会资本。PPP 资产证券化最重要的部分是正确划分合法合规的基础资产，避免产生新的金融风险点，有利于推进 PPP 资产证券化的运作和发展。

购买力平价资产证券化的参与者应该突破主体信用依赖的惯性思维，基于标的资产的性质，密切关注基础设施资产能否产生稳定的可预测的现金流，只有用这种方法才能避免无法兑现的违约风险，这也是 PPP 资产证券化顺利、提前运行的基础。这就要求管理者在 PPP 资产证券化初期对基础资产进行全面、完整的尽职调查，包括基础资产的合法所有权、合规合法性、转让是否有限、历史现金流数据的真实性等，同时对未来的现金流量进行合理的预测和分析。现阶段，市场上已经出现了多起 PPP 资产证券化违约事件，这对我国 PPP 资产证券化市场的快速发展是一个沉重的打击。因此，企业不仅要对标的资产进行慎重选择，还要进行全面的风险隔离安排。通过将基础资产实际出售给 SPV，在原有利益相关者和基础资产之间建立隔离墙，达到破产隔离的效果。

风险隔离是开展长江大保护中重大水利工程 PPP 项目资产证券化的要求与保障。在实际运行过程中，一方面通过实物出售、破产隔离等设计将 PPP 项目公司与资产证券化 SPV 的风险隔离，另一方面也要避免过度转移风险，尽力合理分配风险。这就要求在 PPP 项目中建立科学合理的风险分配框架。例如在重庆 G 水库 PPP 项目资产证券化过程中，最为突出和关键的项目风险和资产证券化交易结构风险可由长江大保护中重大水利工程 PPP 项目中标公司与资产证券化 SPV 针对具体细节分摊承担。

8.3.4 积极引导中长期机构投资者

PPP资产证券化作为社会资本融资的一种工具,对我国供给侧结构性改革起到了促进作用,有利于推动我国金融市场的改革创新,拓展社会资本的发展空间,符合我国服务实体经济发展的趋势,有利于经济的长远平稳发展。

PPP资产证券化应该为投资者提供多种类的PPP证券化产品。高净值人群追求的是多元化的资源配置和更高的收益,在符合我国宏观经济方向、市场热点的前提下,应多开发产品运行创新以吸引投资者兴趣。例如,"一带一路"ABS产品、交通出行领域的新型供应链金融ABS产品、PPP+Reits试点等。在开展创新型PPP资产证券化产品的同时,也要及时关注产品的信用状况,强化信息披露标准,及时跟踪和监控创新产品的运行情况,加强创新产品的风险防范,有利于创新产品的可持续发展,吸引更多的高质量投资,提高投资者的参与程度。

长江大保护中重大水利工程PPP项目具有投资规模大、收益长期稳定的特点,既符合中长期机构投资者的需求,又符合保险、年金基金的投资需求。建议设计符合PPP项目特点、覆盖PPP项目全生命周期的资产证券化产品。同时,应出台相关配套措施,引入中长期机构投资者,鼓励保险基金、社保基金、养老基金、住房公积金等机构投资者参与PPP项目资产证券化产品的投资。同时,相关法律法规将指导保险公司、社保基金、企业年金和其他机构,甚至一定范围的个人投资者投资于购买力平价资产支持证券化产品,从而实现真正意义上的多元化投资对象。此外,我们还可以考虑积极引进各种各样的市场基金,如购买力平价基金,投资于资产证券化产品的PPP项目,推动多元化和可持续的资金保障机制的建立,并促进PPP模式的发展。

8.4 重视市场风险和政策变化

通过风险因素的初步识别,重庆G水利枢纽工程PPP项目前三项关键风险分别为通货膨胀风险、利率风险和政策风险,其中通货膨胀风险和利率风险会给整个经济市场带来不稳定性,形成市场风险。以重庆G水利枢纽工程PPP项目为例,长江大保护中重大水利工程项目的建设期较长,在此期间,与项目相关的法律法规政策有很大可能会发生变化,形成潜在的政策风险进而影响重大水利工程项目的建造。通过对重庆 G 水利枢纽工程 PPP 项目资产证券化的风险评价,我们发现市场风险、政策风险的风险等级相对较小,但是也需要给予一定关注。因此,针对长江大保护甚至是其他区域的重大水利工程 PPP 项目,为了更好的应对融资风险,一方面,我们需要重视市场风险;另一方面,我们需要密切关注政策变化。

8.4.1 重点防范市场风险

市场风险是由于某种全局性因素引起投资收益的变动,进而产生的风险。目前我国许多政府公共部门采用 PPP 模式主要是为了缓解当前基础设施建设的资金短缺问题,但对以后需要承担的责任义务不够重视。因此,与私营部门相比,公共部门的风险意识较弱,导致容易发生一些重大风险。例如,私人部门因为无法履行合同而退出时,政府公共部门疏于准备而无法完成项目,造成重大损失;由于对私人部门监督和管控的不充分,使得其所提供的公共产品和服务质量差、价格高,损害公众利益。因此,公共部门必须提高风险意识,特别要高度重视项目的长期风险,提前制定相应的应对计划。长江大保护中重大水利工程 PPP 项目资产证券化的过程十分复杂,涉及的主体非常之多,其中外部风险以市场风险为主。为了避免在运作过程中因为外部风险而遭受额外的损失,发起人应当密切关注市场利率和通货膨胀等市场风险,通过采取期货、期权等方式进行相关风险对冲。

8.4.2 健全 PPP 项目的风险评估体系

对市场风险与政策变化的应对,需要建立有效的重大水利工程 PPP 项目风险评估体系,对参与重大水利工程 PPP 项目各方之间的政治、经济和共同利益的风险进行科学评估。在重大水利工程 PPP 项目的招标和谈判阶段,政府部门评估社会资本的力量、资源和风险控制能力,并确定补偿方法,促进重大水利工程 PPP 项目的经营和保障其质量,以确保提供符合公共利益的基础设施和服务。重大水利工程 PPP 项目在全生命周期的不同阶段中也会面临不同的风险。在重大水利工程 PPP 项目风险管理过程中,政府可以通过提供较佳的政治环境、社会环境、经济环境和切实有效的制度框架,降低风险发生的概率,参与企业可以从中获利更多。此外,在重大水利工程PPP项目中,妥善处理利益相关者之间的关系也是一个重要环节。信任是成功的关键因素,不信任会增加感知风险和潜在决策风险,通过立法和合同来实现这种信任,明确参与方权利义务和风险分配,可以预防PPP项目在重大水利工程项目不同阶段面临的风险。

8.4.3 建立合理的风险分担机制

风险分担是PPP模式的核心环节,是决定长江大保护重大水利工程PPP项目能否成功最主要的因素。在重大水利工程项目的建设过程中,政府公共部门作为社会公共利益的代表,最主要的目的是维护公共利益,其次是为了追求更高效的资金使用效率和资源配置效率。私人部门参与项目是为了获得资金利益,其考虑风险分担时所最关注的是资金回报率和投资的安全性。而长江大保护重大水利工程PPP项目风险具有阶段性、复杂性的特征,无论是政府还是私人部门承担过多的风险都会加大项目失败的概率,因此需要建立适宜的风险分担机制。

首先是要严格遵循风险分担的三大原则:第一,风险应由最有能力承担和控制风险的当事方来承担;第二,部门承担的风险大小与所得的回报相匹配;第三,规定最大风险。其中第一条原则最为重要,根据这一原则,建筑、经营等活动产生的市场风险由私营部门承担,政府部门无法调查这些风险。超出私营部门控制范围的法律风险、利率风险等主要由政府的公共部门承担,在不可抗力风险方面可由公共部门和私营部门平分。除此之外,还应当建立动态的风险分担管理机制。由于长江大保护重大水利工程PPP项目的长期性质,使其在不同阶段面临的风险类型和规模会有所不同,因此需要根据项目的具体情况对风险分担做出一些必要的调整。首先要先分析风险分散的合理性,然后进行相应调整,最后需要对未预期到或者随着情况的变化而出现的新风险进行重新分配。

8.4.4 密切关注政策变化

政策风险是指在重大水利工程项目的建设期内,由于所处的条件和环境的变化,导致项目实际产生的效益与预期效益相背离。为了减少潜在的政策风险,我们应做到以下几点:首先,汇聚各方信息,积极了解国家和各级政府出台的相关政策,尤其是税收政策的变化加以重视。在当前国家鼓励水利行业进行资产证券化尝试的前提下,我国政府有很大可能性将会出台一系列相关指导政策,涉及行政支持、资金支持和税收支持,从而降低水利工程项目资产证券化的财务成本和开支,为项目带来利好。其次,项目组应降低运营成本,努力提高经营效率,从而增强抵御政策风险的能力。PPP模式是一种建立在合同约束基础上的项目投融资方式,需要一套良好的法律规定和政策体系,以确保项目参与方之间的谈判以规则为基础。PPP项目管理条例的基本框架应包括适用模式的适用范围、开发程序、投标程序、投标程序、特许权协议、风险分担、权利和义务、监督和管理、争端解决方法和适用法律等。其中,最为重要的是,需要就具体的操作方面制定明确的规则。

附 录

问卷 A 重大水利工程 PPP 项目资产证券化风险评价指标重要性调查问卷

尊敬的专家:

您好!我们正在进行关于《长江大保护中重大水利工程 PPP 项目风险分担与资产证券化研究》的研究工作。本次调查的目的主要是通过您的回答确定重大水利工程项目(如大型水电站)资产证券化风险评价指标体系。您深厚的专业知识和丰富的工作经验将对本研究产生极大的帮助。请您认真阅读打分说明后为本问卷的指标进行重要性打分,不胜感激!

第一部分:您的基本信息(仅做调查用)

1. 学历:
   □ 本科　　　　□ 硕士　　　　□ 博士

2. 工作(研究)年限:
   □ 3 年以下　　□ 3~8 年　　　□ 8 年以上

3. 专业背景:
   □ 财务金融专业
   □ 水利工程及相关专业
   □ 其他

第二部分:风险评价指标重要性赋分

请您用分值 1、3、5、7、9 为下列 6 类共 29 个风险指标进行打分,分值依次代表很不重要、不重要、一般、重要和很重要。请在您认为适合的分值上打√。

一级指标	二级指标	重要性赋分				
		很不重要	不重要	一般	重要	很重要
重大水利工程项目风险	工程质量风险	1	3	5	7	9
	财务风险	1	3	5	7	9
	现金流风险	1	3	5	7	9
	运营风险	1	3	5	7	9
	目标市场竞争风险	1	3	5	7	9
资产证券化交易结构风险	SPV 设立风险	1	3	5	7	9
	破产隔离风险	1	3	5	7	9
	产品结构设计风险	1	3	5	7	9
	信用增级风险	1	3	5	7	9
	信用评级风险	1	3	5	7	9
	发行销售风险	1	3	5	7	9
	产品定价不当风险	1	3	5	7	9
	流动性风险	1	3	5	7	9
相关主体信用风险	承销商风险	1	3	5	7	9
	受托人风险	1	3	5	7	9
	服务人风险	1	3	5	7	9
	第三方担保机构风险	1	3	5	7	9
	政府机构风险	1	3	5	7	9
市场风险	利率风险	1	3	5	7	9
	汇率风险	1	3	5	7	9
	通货膨胀风险	1	3	5	7	9
	经济周期风险	1	3	5	7	9
	同类产品竞争风险	1	3	5	7	9

续 表

一级指标	二级指标	重要性赋分				
		很不重要	不重要	一般	重要	很重要
政策风险	重大水利工程相关法律政策调整风险	1	3	5	7	9
	资产证券化相关法律政策调整风险	1	3	5	7	9
	税收政策调整风险	1	3	5	7	9
其他风险	技术风险	1	3	5	7	9
	操作风险	1	3	5	7	9
	不可抗力风险	1	3	5	7	9

对于本次调查,敬请留下您的宝贵意见:

1. 需要增加或删除哪些指标?为什么?

2. 您的其他意见:

问卷调查到此结束,感谢您的支持和耐心细致的填写!祝您工作顺利,万事如意!

问卷 B　重大水利工程 PPP 项目资产证券化风险评价指标权重调查问卷

尊敬的专家：

您好！我们正在进行关于《长江大保护中重大水利工程 PPP 项目风险分担与资产证券化研究》的研究工作。本次调查的目的主要是通过您的回答确定重大水利工程项目（如大型水电站）资产证券化风险各评价指标的权重。您深厚的专业知识和丰富的工作经验将对本研究产生极大的帮助。

请您认真阅读打分说明和示例后，为本问卷的指标进行对比打分，不胜感激！

第一部分：打分说明及示例

下表为层次分析法的打分规则，假设有 i、j 两种指标，您需要判断的是在重大水利工程项目资产证券化风险评价中，指标 i 对比指标 j 的重要程度。

a_{ij}	两指标对比	含义
1	同样重要	指标 i 和 j 同样重要
2	稍微重要	指标 i 比 j 略微重要
3	比较重要	指标 i 比 j 重要
4	非常重要	指标 i 比 j 明显重要
5	极端重要	指标 i 比 j 绝对重要
以上各数的倒数	若指标 j 与指标 i 比较，得到判别值 $a_{ji}=1/a_{ij}$	

示例：假设选购书籍时有价格、出版社和购买平台三个指标，现在请对比这三者的重要性：在 A、B、C 三个空格处填上您认为的竖排的指标相对于横排的指标的重要性的数值。比如在 A 处填 2 表示价格相对于出版社比较重要，在 B 出填 4 表示价格相对于购买平台非常重要，在 C 处填 1/2 表示出版社相

对于购买平台稍微不那么重要。并请注意,比较具有一致性:示例中通过打分可知价格＞购买平台＞出版社,且可计算出各自的权重。

	价　格	出版社	购买平台
价格	1	A(3)	B(4)
出版社	—	1	C(1/2)
购买平台	—	—	1

第二部分:重大水利工程项目资产证券化风险评价指标体系

下表为重大水利工程项目资产证券化风险评价指标体系,供您参考。

	一级指标	二级指标	
重大水利工程项目资产证券化风险评价指标体系	重大水利工程项目风险 U_1	U_{11}	工程质量风险
		U_{12}	财务风险
		U_{13}	现金流风险
		U_{14}	运营风险
		U_{15}	目标市场竞争风险
	资产证券化交易结构风险 U_2	U_{21}	产品结构设计风险
		U_{22}	信用增级风险
		U_{23}	信用评级风险
		U_{24}	产品定价不当风险
		U_{25}	流动性风险
	相关主体信用风险 U_3	U_{31}	承销商风险
		U_{32}	受托人风险
	市场风险 U_4	U_{41}	利率风险
		U_{42}	通货膨胀风险
		U_{43}	同类产品竞争风险
	政策风险 U_5	U_{51}	重大水利工程相关法律政策调整风险
		U_{52}	资产证券化相关法律政策调整风险
		U_{53}	税收政策调整风险
	其他风险 U_6	U_{61}	操作风险
		U_{62}	不可抗力风险

第三部分:指标对比赋分

1. 请您为本评价体系的 6 个一级指标进行对比赋分,请填写在空白单元格内。

	重大水利工程项目风险	资产证券化交易结构风险	相关主体信用风险	市场风险	政策风险	其他风险
重大水利工程项目风险	1					
资产证券化交易结构风险	—	1				
相关主体信用风险	—	—	1			
市场风险	—	—	—	1		
政策风险	—	—	—	—	1	
其他风险	—	—	—	—	—	1

2. 请您为"重大水利工程项目风险"的 5 个二级指标对比赋分,请填写在空白单元格内。

	工程质量风险	财务风险	现金流风险	运营风险	目标市场竞争风险
工程质量风险	1				
财务风险	—	1			
现金流风险	—	—	1		
运营风险	—	—	—	1	
目标市场竞争风险	—	—	—	—	

3. 请您为"资产证券化交易结构风险"下的 5 个二级指标进行对比赋分，请填写在空白单元格内。

	产品结构设计风险	信用增级风险	信用评级风险	产品定价不当风险	流动性风险
产品结构设计风险	1				
信用增级风险	—	1			
信用评级风险	—	—	1		
产品定价不当风险	—	—	—	1	
流动性风险	—	—	—	—	

4. 请您为"相关主体信用风险"下的 2 个二级指标对比赋分，请填写在空白单元格内。

	承销商风险	受托人风险
承销商风险	1	
受托人风险	—	1

5. 请您为"市场风险"下的 3 个二级指标进行对比赋分，请填写在空白单元格内。

	利率风险	通货膨胀风险	同类产品竞争风险
利率风险	1		
通货膨胀风险	—	1	
同类产品竞争风险	—	—	1

6. 请您为"政策风险"下的 3 个二级指标进行对比赋分,请填写在空白单元格内。

	重大水利工程相关法律政策调整风险	资产证券化相关法律政策调整风险	税收政策调整风险
重大水利工程相关法律政策调整风险	1		
资产证券化相关法律政策调整风险	—	1	
税收政策调整风险	—	—	1

7. 请您为"其他风险"下的 2 个二级指标进行对比赋分,请填写在空白单元格内。

	操作风险	不可抗力风险
操作风险	1	
不可抗力风险	—	1

问卷调查到此结束,感谢您的支持和耐心细致的填写!祝您工作顺利,万事如意!

参考文献

[1] 吴立明,李冀,高青春.PPP 模式在河道综合整治中的应用——以迁安市河道综合整治 PPP 项目为例[J].农业与技术,2021,41(04):66-69.

[2] 张智勇.PPP 模式下高速公路项目投融资风险管理研究[D].中国科学院大学,2016.

[3] Cedrick B Z, Long P W. Investment Motivation in Renewable Energy: A PPP Approach[J]. Energy Procedia, 2017,115:229-238.

[4] Liu J, Gao R, Cheah C Y J. Evolutionary game of investors' opportunistic behaviour during the operational period in PPP projects[J]. Construction management and economics,2017,35(03):137-153.

[5] Wichadee S. A development of the blended learning model using Edmodo for maximizing students proficiency and motivation [J]. International Journal of Emerging Technologies in Learning,2017, 12(02):137-154.

[6] Hastak M, Shaked A. ICRAM-1: Model for International Construction Risk Assessment[J]. Journal of Management in Engineering, 2000, 16(1):59-69.

[7] Grimsey D, Lewis M K. Evaluating the risks of public private partnerships for infrastructure projects[J]. International journal of project management,2002,20(02):107-118.

[8] Bing L, Akintoye A, Hardcastle E P. The allocation of risk in PPP/PFI construction projects in the UK[J] International Journal of Project Management, 2005(23):25-35.

[9] Ma H, Zeng S, Lin H. Impact of Public Sector on Sustainability of Public-Private Partnership Projects[J]. Journal of Construction Engineering and Management,2020,146(2):19-40.

[10] 万亿,李伟,王一帆.PPP 模式发展研究现状及展望[J].价值工程,2020,(2):43-47.

[11] 张慧,武心嘉,盛蒂,等.PPP 模式下水利项目风险分担及应对研究[J].治淮,2020(04):49-51.

[12] 罗琳,王晶,闫琳琳,等.水利行业 PPP 资产证券化实践及对策[J].水利发展研究,2019,19(10):44-48.

[13] World Bank PPI Database. Private participation in infrastructure database[DB/OL].http://ppi.worldbank.org/data,2016-07-27.

[14] Kiran R M. Finance for Urban Public Infrastructure[J]. Urban Studies,1989,26(3):285-300.

[15] Ameyaw E E, Chan A P C. Critical success factors for public-private partnership in water supply projects[J].Facilities,2016,34(3/4):124-160.

[16] 李香云,罗琳,王亚杰.水利项目PPP模式实施现状、问题与对策建议[J].水利经济,2019,37(05):27-30+34+78.

[17] 高国亮.浅析大型水利工程的PPP模式[J].四川水利,2021,42(02):117-119.

[18] 吴兆丹,吴奕卓,张闻笛,等.中国大中型水利工程社会资本退出机制关键问题分析及设计[J].水电能源科学,2020,38(06):146-150.

[19] 袁君萍,李菲.大石峡项目PPP风险防范探索[J].中国投资(中英文),2020(Z3):90-91.

[20] 王秋生.基于FAHP的PPP水利项目风险评价分析[J].地下水,2020,42(01):236-237.

[21] 谷树忠,李维明,王亦宁.中国水治理运用PPP模式的现状、问题与对策[J].发展研究,2018,(5):8-11.

[22] Shrestha A, Chan T K, Aibinu A A. Risk Allocation Inefficiencies in Chinese PPP Water Projects[J]. Journal of Construction Engineering and Management, 2018, 144(4):13-40.

[23] Li H, Lv L, Zuo J, et al. Dynamic Reputation Incentive Mechanism for Urban Water Environment Treatment PPP Projects[J]. Journal of Construction Engineering and Management, 2020, 146(8):20-88.

[24] Rezaeenour J, Mousavi-Saleh M, Kolahkaj A R. Analyzing the risk factors of private-public partnerships for water supply projects using fuzzy synthetic evaluation: a case study of Iranian water supply projects[J]. Water Science and Technology-water Supply, 2018, 18(3):1005-1019.

[25] Geng J, Chen X, Pan Y, et al. A modified phase clock/bias model to improve PPP ambiguity resolution at Wuhan University[J]. Journal of Geodesy. 2019, 93(10):2053-2067.

[26] Ameyaw E E, Chan A P C. A Fuzzy Approach for the Allocation of Risks in Public-Private Partnership Water-Infrastructure Projects in Developing Countries[J]. Journal of infrastructure systems, 2016, 22(3):401-416.

[27] 王伟,夏秀龙,张雅博.辽宁基础设施PPP融资风险合理化分担研究[J].地方财政研究,2016,(04):17-22+27.

[28] 何楠,张亚琼,李佳音,王军.基于黄河流域治理的生态水利PPP项目风险评估[J].人民黄河,2021,43(03):11-17.

[29] 姜影,叶卓卉,杨澜.海底隧道PPP项目关键风险识别实证研究——以D市海底隧道PPP项目为例[J].建筑经济,2021,42(05):62-66.

[30] 吴海燕,黄德春.基于效用理论的水利工程PPP项目风险分担研究[J].水资源与水工程学报,2016,27(02):152-157.

[31] 陈颖.PPP项目风险控制策略[J].合作经济与科技,2020(13):60-62.

[32] 王娜娜.PPP项目风险分担理论研究[J].中国集体经济,2020(16):85-86.

[33] 李妍.不完全信息动态博弈视角下的PPP项目风险分担研究——基于参与方不同的出价顺序[J].财政研究,2015(10):50-57.

[34] Oseikyei R, Chan A P. Review of studies on the Critical Success Factors for Public-Private Partnership(PPP) projects from 1990 to 2013 [J]. International Journal of Project Management, 2015, 33(6): 1335-1346.

[35] 王蕾,赵敏,彭润中.基于 ANP-Shapely 值的 PPP 模式风险分担策略研究[J].财政研究,2017,(6):40-50.

[36] 吴淑莲,陈炳泉,许叶林,等.公私合营(PPP)项目市场需求风险分担研究[J].建筑经济,2014,35(10):26-29.

[37] 曾小芳.PPP 模式下水库群大坝建设风险防控与风险分担模型研究[J].水利科学与寒区工程,2020,3(03):121-124.

[38] 陈正威.水利工程 PPP 建设模式主要风险及应对——以贵州马岭水利枢纽工程为例[J].中国水利,2020(12):41-44.

[39] 刘宏,孙浩.基于 DEMATEL-ANP 的 PPP 项目融资风险分析[J].系统科学学报,2018,26(1):131-135.

[40] 张亚琼,何楠,陈毅洋,杨丝雯,王雷.基于云模型的生态水利 PPP 项目利益相关者管理风险评价[J].中国农村水利水电,2020(12):148-152+163.

[41] 宿辉,田少卫,冯天鑫.参与方地位不对等条件下 PPP 项目风险分担博弈研究[J].人民长江,2021,52(03):167-171.

[42] Gary K J. Securitization: Taking the Business of the Balance Sheet [N]. The Bankers Magazine.

[43] Fabozzi F J. Institutional Investment Management: Equity and Bond Portfolio Strategies and Applications[M]. J. Wiley, 2012.

[44] 陈裘逸,张保华.资产证券化定义和模式的检讨——以真实出售为中心[J].金融研究,2003(10):53-62.

[45] 尹娅玲.分析资产证券化业务中的税务问题[J].经济研究导刊,2021(15):48-50.

[46] 刘少波,卢毅.我国资产证券化的供需分析及发展构想[J].财贸经济,1999(11):48-53.

[47] 杨浩.基础设施资产证券化融资研究[D].西南财经大学,2000.

[48] 王保岳.资产证券化风险研究[D].中国社会科学院研究生

院,2009.

[49] 安丛梅,张虹,马强.资产证券化与商业银行盈利能力研究——来自中国银行业的经验证据[J].金融论坛,2021,26(05):18-27.

[50] 李佳,王晓,邓修英.资产证券化发展与商业银行风险——影响机制与经验证据[J].金融论坛,2019,24(12):14-26.

[51] 魏红亮.中国水利投融资体制创新研究[D].武汉大学,2013.

[52] 范卓玮.水利资产证券化融资模式探析[J].水利发展研究,2017,17(9):36-38.

[53] 黎晓春,常敏.资产证券化与PPP资产证券化研究文献综述[J].经济论坛,2018(04):146-152.

[54] 叶文辉,李嘉.绿色资产证券化的路径、挑战与改进措施——以光伏发电资产证券化为例[J].金融纵横,2020(01):92-100.

[55] 李波.2018年上半年资产证券化发展报告[J].债券,2018(07):38-42.

[56] Li B. Risk Management of Public-Private Partnership Projects[D]. Glasgow Caledonian University,2003.

[57] Steven L. Schwarcz. Protecting Financial Markets: Lessons from the Subprime Mortgage Meltdown [J]. American Law & Economics Association Annual Meeting,2008,93(2):373-406.

[58] Connell D, Grafton R Q. Water reform in the Murray-Darling Basin[J]. Water Resources Research. 2011,47(12):490-500.

[59] 李琴,陈家宽.长江流域的历史地位及大保护建议[J].长江技术经济,2018,2(04):10-13.

[60] 吕兰军.水文在长江经济带"共抓大保护"中的作用及思考——以长江九江段为例[J].中国水利,2018(13):48-50.

[61] 王锋.长江大保护视域下区域高质量发展创新实践——以江阴市为例[J].江南论坛,2020(04):16-17+20.

[62] 潘国强.深入实施长江大保护战略[J].唯实,2020(05):79-81.

[63] 卢纯."共抓长江大保护"若干重大关键问题的思考[J].河海大学学报(自然科学版),2019,47(04):283-295.

[64] 安蓓,王贤,陈刚.深入推进大保护打造引领高质量发展生力军——

推动长江经济带发展座谈会召开四年间[J].中国产经,2020(01):100-104.

[65] 黄德生,陈煌,张莉,等.长江大保护环境与经济可持续发展问题及对策研究[J].环境科学研究,2020,33(05):1284-1292.

[66] 张恒.直面问题加快环保基础设施建设[N].中国环境报,2016-11-04(003).

[67] 马小峰.长江大保护中要高度重视移动污染源的危害与治理[J].江苏政协,2020(02):39-40.

[68] 吴志广,陈述.长江流域水资源开发保护中的关键科学和技术问题[J].长江科学院院报,2021,38(04):1-6.

[69] 卢文峰.长江大保护工作现状及问题研究——以湖北省武汉江段整治工作为例[J].长江技术经济,2020,4(01):35-40.

[70] 潘保柱,刘心愿.长江流域水生态问题与修复述评[J].长江科学院院报,2021,38(03):1-8.

[71] 崔春丽.国外水利工程管理模式对我国的启示[J].农业科技与信息,2018(18):95-96.

[72] 段红东,王建平,李发鹏.国外生态水利工程建设理念、实践及其启示[J].水利发展研究,2019,19(07):64-67.

[73] 姜斌,刘倩,梁宁.国外水利投融资经验及其启示[J].水利发展研究,2003(11):42-45.

[74] 张云昌.建设环境友好型水利工程需要关注的九个水生态问题[J].中国水利,2019(13):18-19+23.

[75] 刘嘉琦,龚政,张长宽.重大水利工程运用对长江入海径流量的影响[J].水道港口,2013,34(06):461-466.

[76] 陈越,李人卫,胡景杰,等."大型水利工程对长江流域重要生物资源的长期生态效应"重大项目取得重要成果[J].中国科学基金,2009,23(04):202.

[77] 罗丹,潘崟,杜春兰.大型水利工程影响下三峡库区山地城镇沿江风景演变探析[J].中国园林,2020,36(12):29-34.

[78] 寇社民.大型水利工程对汛期的影响研究[J].水利技术监督,2020(05):87-92.

[79] 刘茂娇.提升水利工程管理水平筑牢长江上游重要生态屏障[N].重

庆日报,2019 – 12 – 02.

[80] 李文俊,赵文焕,杨鹏,等.长江流域控制性水利工程综合调度系统研究[J].中国防汛抗旱,2018,28(06):25 – 28.

[81] 贾海燕,裴中平,邹家祥.长江流域水资源保护科研回顾与展望[J].水利水电快报,2020,41(01):73 – 77.

[82] 孟庆红.关于大型水利工程投融资模式的思考[J].水利建设与管理,2014(4):29 – 31.

[83] 李洁.深化水利投融资体制改革对策探讨[J].中国水利,2012(16):55 – 58.

[84] 王守清,柯永建.特许经营项目融资(BOT,PFI 和 PPP)[M].北京:清华大学出版社,2008.

[85] 刘力.模糊层次分析法在工程项目风险管理中的应用[J].中小企业管理与科技.2006(17):12 – 13.

[86] 朱明明.基于模糊层次分析法的工程项目风险评估[J].科技管理研究,2010,30(20):214 – 217.

[87] 金璨.小井沟水利工程项目风险识别与评价[D].北京理工大学,2015.

[88] 王联备,苏志欣,邢文祥.模糊层次分析法在基础设施项目融资模式选择中的应用研究[J].价值工程,2006,25(12):140 – 143.

[89] 李素红,陈立文,王树强.基于模糊层次分析法的融资风险评价——以河北省房地产开发企业为例[J].企业经济,2013,32(02):137 – 140.

[90] 姜琳琳.水运设施资产证券化风险评价研究[D].湖南大学,2014.